Algarve

Katja Krabiell

Katja Krabiell
kommt aus Hamburg. In Deutschland war sie für Tageszeitungen, Zeitschriften und beim Fernsehen tätig. Seit fast 20 Jahren lebt und arbeitet sie in Portugal. Durch zahlreiche Buchveröffentlichungen, Reiseführer und Architektur-/Kulturreportagen gilt sie als Expertin für Europas südwestlichste Ecke.

Die vielleicht schönste Bucht von Lagos, Dona Ana, ist in der Nebensaison ein angenehm stilles Plätzchen – »aufregend« ist zu dieser Zeit bestenfalls der grandiose Blick auf die brandungsumtosten Gesteinsformationen im Atlantik.

Willkommen an der Algarve

Die Algarve erleben

MERIAN-Tips

Sehenswerte Orte und Ausflugsziele

Routen und Touren

Karten und Pläne

Die Buchstaben-Zahlen-Kombinationen im Text verweisen auf die Planquadrate der Karten.

Wichtige Informationen

Reizvoll ist in Portugal vor allem die Vielfalt der Landschaft. Wo Europa auf der Landkarte endet, fängt der Urlaub erst richtig an!

Unter Ihnen dehnen sich helle Strände, Wellen rollen gleichmäßig auf den Sand, Salzgärten und Lagunen rücken bedenklich nahe, und dann ist es soweit: Ihr Flugzeug rollt aus, die Türen öffnen sich, und eine seidenweiche Brise weht Ihnen entgegen. Wolkenlos wölbt sich der Himmel – gewöhnlich – von Mai bis Oktober über Ihnen, und in der Ferne schließt eine Hügelkette wie Schneewittchens Sieben Berge das Bild ab.

Die Algarve, Portugals südlichste Region, empfängt Sie freundlich. So freundlich, wie auch ihre Bewohner sind. Sie sind dunkelhäutiger und kleiner gewachsen als die Portugiesen des Nordens, und ihre Bräuche sind anders. Das Land der untergehenden Sonne, Algarve, ist auch für die meisten Portugiesen ein bißchen wie Ausland. Und die Leute aus der Hauptstadt Lissabon reden etwas abschätzig über die Algarvios, weil sie ihrer Meinung nach gar nicht richtig portugiesisch sprechen – was sie natürlich nicht hindert, hier Urlaub zu machen.

Östlich von Armação de Pêra, dem ehemaligen Fischerort, erstreckt sich die Praia de Galé, ein ideales Revier für lange Strandwanderungen. Teilweise ist Nacktbaden hier mittlerweile üblich geworden. Außerdem weht am Galé-Strand der beste Surfwind.

Al Gharb – der Westen Marokkos

Dort, wo sich Europa über steile Felsklippen in den Atlantik stürzt, war die Welt zu Ende, denn Europa war die Welt. »Finis terrae« nannte man den Landzipfel an Portugals Südwestküste. Für die Araber aber bedeutete es noch lange nicht das Ende, denn für sie war es nur Al Gharb, der Westen. Wie eine Woge brandeten sie aus Marokko heran, vernichteten bei Xelb, dem heutigen Silves, das Heer der Westgoten und richteten sich für eine mehr als fünfhundertjährige Herrschaft ein. Und weil die arabische Herrschaft in diesem 40 Kilometer breiten Landstreifen hundert Jahre länger dauerte als im restlichen Portugal, ist ihr Einfluß auch nachhaltiger gewesen und heute noch zu spüren.

Viel dauerhafter als in der vergänglichen Architektur war der arabische Einfluß auf die Sprache. Wörter wie **almoço** (Mittagessen), **azeitonas** (Oliven) oder Ortsnamen wie Albufeira oder Alfanzina weisen auf den arabischen Ursprung hin. Mit ihrem ausgeprägten landwirtschaftlichen Wissen machten die Araber aus dem Küstenstreifen, in dem es im Sommer kaum jemals regnet, einen blühenden Garten. Sie brachten Bewässerungsmethoden, Oliven-, Feigen-, Johannisbrot- und Mandelbäume. Eine Legende erzählt von einem arabischen Emir, der eine Prinzessin aus dem Norden heiratete, die vor Heimweh krank wurde. Eines

Statt Romantik harte Arbeit: Brennende Sonne und rauher Wind haben in den Gesichtern der portugiesischen Fischer ihre Spuren hinterlassen.

Morgens führte er sie vor seinen Palast und zeigte ihr ein Meer von Mandelblüten, das sich weiß ausdehnte und wie eine verschneite Landschaft wirkte. Die blühenden Mandelbäume machen auch heute noch im Januar und Februar den Reiz dieser Landschaft aus, die sich vom Rio Guadiana, der die Grenze zu Spanien bildet, über gut 150 Kilometer bis zur westlichen Atlantikküste zieht.

Lagunen und Sandbänke im Sotavento

Die Küste im Osten, von Vila Real de Santo António bis Faro, liegt im Windschatten und heißt deshalb

Sotavento. Feine Sandstrände, langgezogene Lagunen und vorgelagerte Sandbänke kennzeichnen diesen Küstenstrich. Man tuckert mit einem Fischerboot zum Baden auf die Sandbänke. Familien mit Kindern schätzen die flachen Strände, die sanft ins Meer führen. Bei **Tavira** bestimmen Salinen die Landschaft. Die einstige Hauptstadt der Algarve, wo drei Könige residierten, zehrt vom Ruhm vergangener Tage: Der wichtigste Hafen der Algarve ist versandet, und große Teile der schönen Stadt wurden vom Erdbeben 1755 zerstört.

Dieses Beben, das Lissabon fast völlig auslöschte, richtete auch an der Algarve großes Unheil an. Wie kommt es dann, daß **Olhão** das Unglück überstand? Ganz einfach: Das Zentrum des algarvischen Sardinenfangs wurde erst im 18. Jahrhundert gebaut. Neben kubischen Häusern bestimmt vor allem die eigenwillige Markthalle das Kolorit.

Schornsteine als Wahrzeichen

Es lohnt sich, die Altstadt von **Faro** zu besuchen mit seiner schönen Kathedrale, die aus so vielen Stilen geformt worden ist, mit dem Bischofspalais, vor dem im Frühjahr die bitteren Orangen leuchten und im Juni die lilafarbenen Jacarandablüten.

Aber nicht nur dort findet man die kunstvoll durchbrochenen Schornsteine, die als Erkennungszeichen des Hausbesitzers gelten können. Noch heute setzt man filigrane Kamine auf die Dächer – vor allem im Hinterland. Es heißt, sie seien nach der Rückeroberung der Algarve durch die Christen entstanden. Den überlebenden Arabern wurde zur Wahl gestellt, das Land zu verlassen oder zu konvertieren. Diejenigen, die blieben, bauten sich auf den flachen Dächern ihrer Häuser kleine Minarette mit steinernem Spitzenmuster und verneigten sich dort gen Mekka, wenn die Sonne unterging. Diese Minarette aber tarnten sie als Schornsteine.

Felsskulpturen im Barlavento

Im Westen Faros liegt auch der internationale Flughafen, und dort beginnt der Teil der Küste, der dem Wind zugewandt ist: **Barlavento**. Dieser Küstenstreifen ist das Lieblingsziel der meisten Urlauber und hat deshalb auch unter der touristischen Entwicklung am meisten gelitten. Die richtig verschandelten Orte halten sich – im Gegensatz zu Spanien – in Grenzen. **Quarteira, Armação de Pêra** und **Praia da Rocha** gehören dazu. Doch auch wenn man es kaum glauben mag, diese Ansammlung von Bettenburgen nennen oft ganz zauberhafte Strände ihr eigen, die höchstens in Winterstürmen ihre Sandfläche vergrößern oder zusammenziehen, an ihrem Charme ändert das alles nichts. Und hebt man den Blick nicht über die Steilküste, sondern freut sich über das immer wechselnde Farbspiel des Atlantiks, sieht man in der Regel auch nicht, was der Tourismus angerichtet hat.

Entdeckung eines Ferienparadieses

»Entdeckt« wurde die Algarve, wie so viele Gegenden der Welt, von Engländern gegen Ende des letzten Jahrhunderts. Zuerst kamen Künstler und Literaten, reiche Exzentriker und Bohemiens. Und solange Portugals Diktator Salazar regierte, sollte die Algarve auch den Betuchten vorbehalten bleiben. Aber die Vorzüge dieses Landstrichs ließen sich nicht für wenige reservieren.

Nach der »Nelkenrevolution« 1974 setzte die »Demokratisierung« des Feriengebietes Algarve ein und damit auch tiefgreifende Veränderungen in der wirtschaftlichen Struktur der Provinz. Bodenspekulanten begannen ihr Unwesen zu treiben, und mancher Weinbauer ließ seinen Weinberg unbestellt, weil er als Vermieter, Restaurator oder Kellner mehr verdienen konnte, als ihm die Mühsal des Ackers einbrachte. In den Siebzigern wanderten viele Algarvios in die westeuropäischen Industrieländer ab, um ein Auskommen zu suchen, denn zu Hause gab es nichts außer Korkverarbeitung, Fischerei und Landwirtschaft – und die hatte unter dem zu leiden, was die Touristen in Scharen anzog: viel Sonne und kein Regen.

Neun Zehntel aller Algarvios leben an der Küste und deshalb auch von und mit dem Tourismus. In das reizvolle Hügelland oder die Serra de Monchique mit ihren prachtvollen Ausblicken und dem ausgeglichenen Klima verirren sich verhältnismäßig wenig Reisende. Diese Teile der Algarve bewahrten sich ihre Ursprünglichkeit. Hier sind noch nicht alle zweirädrigen Maultier-

Wo die Algarve in den Alentejo übergeht, wird die Landschaft karg.

karren durch Kleinlaster ersetzt worden, das Leben läuft in den traditionellen Bahnen: Frauen halten ihren Schwatz am gemeinsamen Waschplatz, die Männer sitzen beim stark gesüßten schwarzen Kaffee, dem **bica**, an der Bar und desinfizieren sich innerlich mit einem **medronho**, dem Baumerdbeerschnaps.

Mit Bus, Jeep oder Mini ins Hinterland

Um das algarvische Hinterland zu besuchen, braucht man einen Leihwagen, fährt mit Jeeps, die spezielle Touren machen, oder benutzt die Busverbindungen, was ein wenig zeitaufwendiger ist. Auf dem Weg nach Monchique lohnt sich ein Abstecher nach **Silves**, das ab 711 Hauptstadt der Algarve war und so prächtig gewesen sein soll, daß es mit dem spanischen Córdoba konkurrierte. Südlich von Silves ist die Küste mit eigenartigen Felsgebilden übersät, die beispielsweise »Brücke des Erbarmens« oder »Die drei Brüder« heißen. Von Albufeira bis Lagos verstecken sich Grotten in der Steilküste. Manche werden magisch durch einen Felsspalt beleuchtet und muten wie die Dependance der kleinen Meerjungfrau an, und natürlich ranken sich um einige auch Märchen.

Je weiter man nach Westen kommt, um so höher werden die Abbrüche der Steilküste – in Sagres bis zu 60 Meter hoch.

Heinrich der Seefahrer

Am südwestlichsten Zipfel der Algarve liegt **Sagres**, eine kleine Ortschaft, die im 15. Jahrhundert Weltgeltung erlangen sollte. Hier schuf Prinz Heinrich der Seefahrer so etwas wie ein Silicon Valley des Zeitalters der Entdeckungen, eine Denkfabrik. Beseelt von der Idee, daß das nahe bei Sagres gelegene Kap São Vicente

LESETIP

Sie finden deutsche Übersetzungen portugiesischer Autoren – von klassisch bis ganz modern –, um sich einzustimmen. »Leichte Ferienlektüre« ist das nicht. Der Italiener **António Tabucchi** hat einen literarischen Krimi über eine wahre Begebenheit geschrieben: »Der verschwundene Kopf des Damasceno Monteiro« (Hanser), eine brillante Charakterstudie typischer Zeitgenossen. Harter Tobak ist **António Lobo Antunes**: sarkastisch und schonungslos rechnet er mit den Kolonialkriegen ab. **José Saramago** schreibt epischer, aber nicht minder gesellschaftskritisch.

nicht das Ende der Welt sein könne, versammelte er nicht nur Reisende und Geographen um sich, sondern auch Kapitäne, Kartographen, Astronomen und Kosmologen. Das Jahrzehnte bestehende Symposion mußte geheim arbeiten, denn es sollten keine fremden Mächte von dieser Gemeinschaftsarbeit profitieren, und außerdem war Prinz Heinrich Verwalter des Christusordens. In seinem Laboratorium der Seefahrt aber arbeiteten Leute, deren Gedanken der Kirche nicht gelegen sein konnten.

Über ein Jahrzehnt lang sandte Heinrich Schiffe aus, um das »mare tenebrosum« zu erkunden, aber niemand wollte das Kap Bajador umsegeln. Dort nämlich fängt das Meer an zu kochen, und unersättliche Ungeheuer warten nur darauf, Schiffe mit Mann und Maus zu verschlingen – so berichtete man damals. Endlich wagte es 1433 Gil Eanes, ein Algarvio, und kehrte wohlbehalten zurück. Die Portugiesen errichteten Stützpunkte in Afrika, und 1488 war es wiederum ein Kapitän aus der Algarve, Bartolomeu Diaz, der das Kap der Guten Hoffnung umschiffte: Indien stand den Portugiesen offen. Wo genau die Seefahrerakademie Heinrichs gestanden hat, ist heute umstritten.

Südlich von Sagres ragt ein Stück Gebirge ins Meer: Promontorium Sacrum, Heiliges Vorgebirge genannt, weil hier seit ewigen Zeiten die Götter schliefen. Ihm gegenüber liegt das Kap São Vicente mit Europas stärkstem Leuchtturm.

Allgegenwärtig: Azulejos schmücken in Portugal Kirchen und Hauswände, Bahnhöfe und Markthallen. Die meist blauen Kachelkunstwerke – hier ein steinernes Gemälde in Faro – sind seit dem 14. Jahrhundert auf der iberischen Halbinsel verbreitet.

Portugal ändert seine Blickrichtung

Seit dem Eintritt in die Europäische Gemeinschaft im Jahr 1986 schaut Portugal entschieden gen Osten und nicht – wie seit Jahrhunderten – übers Meer nach Westen. Das Land hat sich enorm verändert. Nicht schuldlos daran ist der frühere Premierminister Cavaco Silva. Er baute mit den Brüsseler Geldern in rasanter Geschwindigkeit neue Straßennetze, die allgemein nur »Estradas da CEE« heißen, Straßen der Europäischen Union. Mautpflichtige Autobahnen, endlose Hauptstraßen, die reparaturbedürftigen Nebenstraßen vergaß er dabei.

Gewerbeparks und neue Fabriken entstanden. Das Land der Bauern und Fischer lebt heute mehr und mehr in den Randgebieten der Großstädte Lissabon und Porto, in gesichtslosen Apartments statt im eigenen Häuschen. Die älteste Nation Europas bekommt ein neues Gesicht. Es heißt, sie verlöre dabei einen Teil ihrer Seele...

Universitäten im ganzen Land

Erziehung und Ausbildung werden heute großgeschrieben. Kindergärten sprießen aus dem Nichts, kleine Dorfschulen mit weniger als zehn Kindern werden geschlossen und die Kinder mit Bussen in die nächstgrößere Schule transportiert. Auch im Universitätswesen sind Entwicklungen zu verzeichnen. Vor 20 Jahren hatte Portugal fünf Universitäten, eine davon war privat – die **Universidade Católica Portuguesa**. Mittlerweile gibt es fünf Privatuniversitäten und 14 unabhängige Staatsuniversitäten.

EU – ein Katalysator

Der Beitritt zur EU brachte Portugal eine Fülle neuer Geschäfte. Ein Beispiel: Norwegen fliegt nun nicht nur regelmäßig seine sonnenhungrigen Landsleute in die Ferien an die Algarvestrände, sondern richtete in Nordportugal eine große Lachszucht ein. Die Fischereiflotten wurden mit moderner Technik ausgestattet.

Aber, bei aller Aufwärtsentwicklung: Es blättert nicht nur der Putz von stilvollen Fassaden. Die Krankenhäuser der Großstädte sind zwar mit allen technischen Neuerungen ausgerüstet, aber die Gebäude ächzen unter der Last der Jahrhunderte, und die Unterbringung der Kranken ist manchmal abenteuerlich.

Wenn gehobelt wird, fallen Späne. Ein Land im Wandel muß aus seinen Fehlern lernen, nur eigene Erfahrungen sind von Wert. Portugal mußte lange genug schlafen, jetzt bekommt es ein neues Gesicht. Und es wird ganz sicher mit eigenem Profil aus diesem Schmelzprozeß hervorgehen. Möge es seine sprichwörtliche Freundlichkeit behalten, die ihm sogar die Anerkennung des »großen Bruders« Spanien eingetragen hat. Dort sagt man: Wenn Freundlichkeit eine Heimat hätte, läge sie in Portugal.

Gut drei Stunden dauert der Flug aus Mitteleuropa. Alle anderen Anreisemöglichkeiten sind strapaziös. Mit dem Bus, der Eisenbahn oder dem Auto brauchen Sie etwa drei Tage.

Mit dem Flugzeug Zielflughafen ist Faro. Sie landen direkt neben dem Meer auf einem großen, modernen Flugfeld. Am billigsten ist es, mit einer Chartergesellschaft zu fliegen; die Preise differieren nach Saison und Anbieter zwischen 299 (Campingflug) und 800 DM. Condor, LTU und Hapag Lloyd fliegen im Charterverkehr. Liniendirektflüge gibt es von Frankfurt nach Faro mit der Lufthansa oder TAP jeweils am Wochenende. Es haben sich mehrere Portugal-Reisespezialisten etabliert. Erkundigen Sie sich bei Olimar-Flugreisen (Hamburg und Düsseldorf), Orion (München) oder im Reisebüro Menzel in Hamburg.

Mit dem Auto Die Auto-Route ist mehrere tausend Kilometer lang, zum Beispiel Hamburg-Faro: 3200 Kilometer. Sie fahren vom Norden aus über die Europastraße 3, passieren Belgien, Frankreich, Spanien (Paris-Bordeaux-Burgos-Salamanca bis zur Grenze in Badajoz/Elvas). Von Mittelportugal führt Sie Ihr Weg über Évora im Alentejo und dann an die Algarve. Um die lange Autofahrt abzukürzen, können Sie einen **Autoreisezug** benutzen, der von Deutschlands Großstädten nach Avignon, Fréjus/Saint Raphaël und Narbonne fährt. Die meisten Straßen sind in den letzten Jahren sehr gut ausgebaut worden, Autobahnen oft kostenpflichtig.

Mit dem Zug Natürlich können Sie auch mit der Eisenbahn nach Portugal reisen, es dauert drei Tage. Der schnellste Weg geht über Paris. Von dort aus gibt es drei Möglichkeiten: Der **Lusitania Express** fährt über Nacht direkt nach Lissabon. Der Hochgeschwindigkeitszug **TGV** endet in Irún, von wo der **Südexpress** Sie weiter nach Lissabon bringt. Alternativ können Sie den **Talgo** über Madrid und weiter nach Lissabon nehmen. In Lissabon steigen Sie um auf ein Fährschiff, das den Tejo überquert, um den Anschlußzug nach Faro zu bekommen.

Vom Flughafen zum Urlaubsort Vor der Ankunftshalle warten Taxis. Um vom Flugplatz nach Albufeira (ca. 40 Kilometer) zu kommen, müssen Sie etwa 5000 Esc. bezahlen, umgerechnet etwa 50 DM. **Linienbusse** verkehren nur zwischen dem Flugplatz und Faro. Dort befindet sich hinter dem Hotel Eva ein Busbahnhof. **Leihwagen**-Firmen finden Sie gleich in der Ankunftshalle.

Entdeckertypen, die mehr als nur den Strand kennenlernen möchten, sollten sich ein Auto mieten. Sparsame nehmen den Bus, und Sportliche schwingen sich aufs Rad.

Öffentliche Verkehrsmittel Das öffentliche Busverkehrsnetz ist ausgezeichnet. Die **Rodoviária Nacional** fährt ins letzte Dörfchen. Zentralbusbahnhof: Faro, hinter dem **Eva**-Hotel, Av. da República. Luxusbusse, die nicht überall halten – sie fahren z. B. direkt nach Lissabon –, heißen **Expressos** oder **Rapidos**. Abfahrten in Lagos: Rossio São João; in Portimão: Largo Dique, 2–4.

Busse sind bequem und billig. Wenn Sie eine Zehnerkarte lösen, sparen Sie erheblich. Bitten Sie um **dez bilhetes précomprados**. Um auszusteigen, kündigen Sie es durch Klingeln an, damit der Bus an der nächsten Haltestelle (**Paragem**) hält.

Extraservice: **Touristenpass**. Für 2000 Esc. können Sie an drei Tagen, für 3500 Esc. an sieben Tagen mit den **frota azul** oder den **Eva**-Bussen durch die ganze Algarve reisen.

Mit dem **Zug** können Sie von der spanischen Grenze bis nach Lagos, also fast bis an das südwestliche Ende der Provinz reisen, brauchen aber dazu Geduld. Der Bahnhof **(Estação)** liegt selten zentral. Schneller kommt man mit dem **Expresso** und dem IC nach Lissabon, muß dort aber mit der Fähre den Tejo überqueren, um die Stadt zu erreichen. Auch mit den Expressbussen erreichen Sie in vier Stunden die Hauptstadt.

Entfernungen (in km) zwischen wichtigen Urlaubsorten

	Albufeira	Alcoutim	Faro	Lagos	Loulé	Monchique	Portimão	Sagres	Salir	Tavira
Albufeira	–	114	37	46	25	56	29	79	39	60
Alcoutim	114	–	87	160	88	153	151	194	80	65
Faro	37	87	–	82	16	87	60	106	30	30
Lagos	46	160	82	–	64	43	17	34	75	98
Loulé	25	88	16	64	–	72	47	94	14	36
Monchique	56	153	87	43	72	–	27	77	70	106
Portimão	29	151	60	17	47	27	–	51	59	82
Sagres	79	194	106	34	94	77	51	–	101	129
Salir	39	80	30	75	14	70	59	101	–	60
Tavira	60	65	30	98	36	106	82	129	60	–

Taxis Taxis sind verhältnismäßig billig, sie sind durchaus für gelegentliche Fahrten zu empfehlen, für längere Fahrten oder Rundreisen gibt es Spezialpreise, die Sie (oder der Hotelportier) mit dem jeweiligen Fahrer aushandeln müssen.

Leihwagen Verleihfirmen gibt es genug, manchmal ist es billiger, das Auto bereits in Deutschland zu mieten (Fly & Drive Arrangements beachten). Die Mietpreise differieren je nach Gesellschaft. Benzin ist in etwa so teuer wie in Deutschland. Falls Sie in der Gruppe unterwegs sind, haben Sie auch die Möglichkeit, einen **Kleinbus** zu chartern. Für Openair-Fans gibt es offene **Jeeps**.

Autos kann man erst ab 21 Jahren mieten. Sie brauchen dazu Ihren Führerschein und Personalausweis. Es besteht Anschnallpflicht, und es werden auch gelegentlich Alkoholtests gemacht. Fahren Sie lieber defensiv, und seien Sie besonders vorsichtig auf der N 125, dem Verkehrsrückgrat der Algarve, denn diese Verbindung gilt als besonders unfallträchtig. Portugiesen fahren reaktionsschnell, überholen aber gern in Kurven. Abends muß man sich vor unbeleuchteten Eselskarren und Fußgängern am Straßenrand vorsehen.

Nicht immer gibt es genügend **Parkplätze** in den Städten. Wildes Parken liebt auch die portugiesische Polizei nicht. Sie zahlen entweder ein Strafgeld auf der nächsten Polizeiwache oder werden zusätzlich abgeschleppt.

Das Fahrrad ist die meiste Zeit des Jahres ein gutes Fortbewegungsmittel. Nur nicht im Hochsommer – dann ist es zu heiß.

Inzwischen gibt es einen neuen Autobahnabschnitt: IPI–Albufeira–Faro–Spanien, der zum Abstecher nach Andalusien einlädt.

Fahrräder In fast jedem größeren Ort an der Küste gibt es Fahrrad-Verleihfirmen. Im Sommer kann man damit kaum größere Touren machen, weil es zu heiß wird, aber um an den nächsten Strand zu radeln, ist es eine gute Möglichkeit der Fortbewegung. Übrigens: Sie werden sich vermutlich wundern, daß trotz der Hitze mitten im Hochsommer die bekanntesten Radrennen quer durch die Algarve stattfinden, steht doch der Radrennsport in der Beliebtheitsskala der Einheimischen gleich hinter der Fußballbegeisterung.

Schlafen wie ein Pfadfinder

im Zelt oder wie ein arabischer Scheich in einer Tausendundeiner-Nacht-Suite. Die Algarve-Küste bietet beinahe alles.

Privatquartiere, die sauber und billig sind, finden Sie über die Tourismus-Büros, und wenn Sie genug Zeit haben, werden Sie auf Ihrer Fahrt ins Blaue immer ein Quartier entdecken.

Apartmenthäuser und Feriendörfer sind in den achtziger Jahren wie Pilze aus dem Boden geschossen, oft nah am Atlantik, aber weit entfernt vom nächsten Supermarkt oder Restaurant. Es gibt inzwischen mehrere moderne Jugendherbergen (**Pousadas de Juventude**). Grundsätzlich ist eine Reservierung immer gut – vor allem in den Sommermonaten kann es passieren, daß die Unterkunft nicht den eigenen Ansprüchen genügt.

Die Preisunterschiede zwischen Vor-, Nach- und Hochsaison sind deutlich. Preislisten sollten in allen Hotelzimmern und Pensionen ausgehängt sein; sie werden vom Fremdenverkehrsamt kontrolliert. Preise gelten für ein Zimmer, nicht für ein Bett. Das Frühstück ist allgemein nicht üppig, dafür gibt es in einigen Orten Frühstücksstuben – oft von Holländern oder Deutschen geführt.

Pousadas sind so etwas wie die Visitenkarte Portugals. Es

Hübsch: Das Hotel Jardim in Loulé (→ S. 62) entstand aus einem ehemaligen Stadthaus. Ein bezaubernder kleiner Garten liegt direkt daneben.

sind erstklassig geführte, staatseigene »Herbergen«, in denen man komfortabel übernachten kann. Oft befinden sie sich in historischen Gemäuern wie zum Beispiel im Alentejo in Estremoz oder Évora. An der Algarve gibt es zwar keine alten, wohl aber Pousadas, die besonders schön gelegen sind – denn das ist die andere Bedingung für so ein Staatshotel. Genaugenommen hat die Algarve nur die **Pousada do Infante** in Sagres und im Hinterland die **Pousada von São Brás de Alportel**, frisch renoviert, aber gewöhnlich zählt man auch die kleine **Pousada de Santa Clara** dazu, die einsam an einem Stausee oberhalb von Monchique zu finden ist. Maximale Wohndauer in einer Pousada sind fünf Tage. Die Küchen sind stets regional und fast immer von gleicher Güte wie der Wohnkomfort.

Ein **Estalagem** ist eine Art Pousada, aber in Privatbesitz, das heißt auch, daß man dort beliebig lange wohnen kann. **Albergarias** sind gute Übernachtungsstätten, aber oft ohne Restaurant. **Residencial** ist einer Pension vergleichbar – ohne Frühstück. **Quarto particular** heißen Privatzimmer. Sie können auch in alten **Quintas** (Landsitzen) übernachten. An der Algarve sind eine ganze Reihe solcher Herrenhäuser der Vereinigung **Turismo de Habitação** angeschlossen. In einigen finden Sie Pferde zum Reiten, einen Pool oder einen Tennisplatz.

Hotels sind bei den einzelnen Orten im Kapitel »Sehenswerte Orte und Ausflugsziele« beschrieben.

Preisklassen

Die Preise gelten für eine Übernachtung im Doppelzimmer für zwei Personen, ohne Frühstück.
Luxusklasse ab 25 000 Esc.
Obere Preisklasse ab 20 000 Esc.
Mittlere Preisklasse ab 10 000 Esc.
Untere Preisklasse ab 3000 Esc.

MERIAN-TIP

Im höchstgelegenen Algarvestädtchen Monchique liegt in einem Garten ein umgebautes altes Haus, das **Inn Pica Boca**, in dem acht Gäste in vier Doppelzimmern mit Bad »wie bei Muttern« aufgenommen werden. Von hier aus läßt sich die paradiesische Landschaft um Monchique zu Fuß ergründen. Gute Küche. Estr. Nacional, 266. Tel. 0 82/9 22 71, Mittlere Preisklasse ■ D 3

Wer Fisch liebt, ist hier richtig.

Die ursprüngliche Küche ist einfach, deftig und reichlich. Um sie zu kosten, fährt man am besten ein Stück weg von der Küste.

Echt portugiesisch zu essen ist schwierig an der Algarve. An der Küste und in den Strandimbissen kommt in erster Linie Fisch auf den Tisch, mit Meersalz gewürzt, dazu frisches Brot und Salat, leider nur noch selten mit Oregano bestreut. Mit Knoblauch geht man mit Rücksicht auf die Touristen vorsichtig um. Übliches Tagesessen sind gegrillte Sardinen oder **carapaus**, ein ähnlicher Fisch.

Landeinwärts stehen Schweinefleisch mit Muscheln und Kaninchen auf der Speisekarte. Und jedes Restaurant, das auf sich hält, bietet seine eigene **cataplana** an, ein Gericht aus Zwiebeln, Tomaten, Paprika, Knoblauch mit Schinken und Knoblauchwurst und einem Berg von Muscheln als Krönung. Alles wandert in einen Spezialtopf – die cataplana –, wird in Olivenöl gedünstet, mit Wein gelöscht und dann fest verschlossen für weitere zehn Minuten auf das Feuer gestellt. Erst auf dem Tisch des Gastes nimmt man den Deckel ab. Dazu wird Brot gereicht. Die Abwandlung mit Fischen, Garnelen oder Fleisch ist möglich.

Zeit für einen bica: In einem so schönen Lokal wie dem Café Calcinha in Loulé dauert die Kaffeepause bestimmt länger als geplant.

Es lohnt sich, an der Algarve auf Fisch-Entdeckungsreise zu gehen. Von der Sardine über Gambas bis zum feinen Schwertfisch oder der teuren Languste kommt alles täglich – bis auf montags, dann bleiben viele Fischer zu Hause – frisch aus dem Meer.

Portugiesische Lokale

Von jeher mischte sich in Portugal afrikanische, chinesische oder indische Küche unter die heimische, denn aus den überseeischen Kolonien kamen Köche und Zutaten. Seit die Algarve im internationalen Massentourismus mitspielt, haben viele Italiener, Franzosen, Holländer, Schweizer und Deutsche hier ihre Gastronomiebetriebe eröffnet. **Luxusrestaurants** bieten französische oder internationale Küche. Ihre Qualität ist meist sehr gut, der Service perfekt und das Ambiente erlesen. Dazwischen stehen die soliden **Mittelklasse-Restaurants**, gewöhnlich hübscher in der Innenausstattung als die wartesaalähnlichen, kahlen Einfach-Restaurants mit dem Fernseher hoch oben an der Wand. Angeboten wird portugiesische Küche, die durchaus phantasievoll sein kann.

In kleinen **Snackbars** ißt man **pregos**, Brötchen mit einer Art Hamburger, oder **cachorros**, die mit Wurst und Senf belegt sind, oder **sandes**, Sandwiches mit Käse (**queijo**) oder gekochtem Schinken (**fiambre**).

Eine Sonderstellung nimmt die **marisqueira** ein, ein Restaurant, das sich auf Muscheln und Krustentiere spezialisiert hat. Wenn einem dort ein Brett mit handlichem Stein oder einem Holzhämmerchen neben den Teller gelegt wird, braucht man sich nicht zu wundern: Mit solchen Hilfsinstrumenten werden in der Regel Krebse und ähnliches geöffnet. In jeder Marisqueira animiert ein Waschbecken zum Händewaschen, denn dort ißt man vieles mit den Fingern. **Churasqueiras** sind Holzkohlengrill-Spezialitäten. Vorwiegend gibt es hier Hühnchen mit oder ohne **piri-piri** (Chili).

Eine portugiesische **bar** ist eine Art Männercafé, dort sitzen Männer beim **bica**, dem kleinen schwarzen Kaffee, und klönen.

Unwiderstehlich schmecken die in Schmalz gebackenen Krapfen, die portugiesische Frauen vor allem an Fest- und Markttagen zubereiten.

Cafés heißen **pastelarias**. Dort werden die vielen kleinen Küchlein zum **bica**, zum **galão**, einem Milchkaffee, oder auch zum **chá**, Tee, verspeist. **Gelaterias** sind Eisdielen, oft mit ausgezeichnetem Eis.

Eßgewohnheiten

Das Frühstück, **pequeno almoço**, ist in Portugal die unwichtigste Mahlzeit des Tages. Es besteht aus einer großen Tasse Milchkaffee oder Tee mit etwas Süßem dazu. In den Hotels serviert man meist das **continental breakfast**.

Das Mittagessen, **almoço**, wird von 12.30 bis 15 Uhr serviert, das Abendessen, **jantar**, ab 19.30 bis 22 Uhr, je nach Restaurant bis 23 Uhr. In den einfachen Restaurants wird in großer Runde lautstark getafelt, während im Hintergrund der Fernseher läuft.

Noch bevor die Speisekarte, **ementa**, vorgelegt wird, werden Brot, Butter, Oliven oder eingelegte Karotten in Öl und Knoblauch auf den Tisch gestellt. Manchmal auch eine Fischpaste oder etwas Käse und Wurst. Früher bestand ein Menü aus Vorspeise oder Suppe, Fisch, Fleisch, Nachspeise, Obst und Käse. Die Portionen waren kleiner, damit der Magen Platz für den nächsten Gang hatte. Die Touristen haben die Menüfolge verkürzt, seitdem sind die Teller voller. Für kleinere Mägen kann man eine halbe Portion bestellen: **meia dose**. Gleichgeblieben aber ist, daß jede Mahlzeit mit einem **sobremesa** endet. Das kann ein **pudim flan** nach Art des Hauses sein oder eine der unendlichen Schleckereien aus Eiern, Zimt, Zucker und Mandeln. Den Schlußpunkt setzt immer ein **bica**, der einem Espresso ähnelt.

Wer ihn lieber mit Milch verdünnt, bestellt einen **garoto** oder **galão**, der mehr Milch als Kaffee enthält. Ein **carioca** ist ein mit Wasser verdünnter Kaffee oder ein Aufguß aus Zitronenschale, und **café douplo com leite** ist ein doppelter **bica** mit etwas Milch. **Cevada** heißt Malzkaffee.

Getränke

Zum Essen wird Wein und Wasser getrunken, zwischendurch Bier. Portugiesisches Bier ist Europas billigstes, weil die Brauereien verstaatlicht und subventioniert sind. Im Jahresdurchschnitt fließen über 70 Millionen Liter portugiesisches Bier durch portugiesische Kehlen, nicht mitgezählt die ausländischen Sorten, die reichlich auf dem Markt vertreten sind. In den Kneipen wird auch Faßbier ausgeschenkt. Das Leitungswasser schmeckt nicht immer gut, weil es stark gechlort ist. Deshalb ist es besser, Kaffee oder Tee mit Wasser aus Luso oder Monchique zuzubereiten, das in Fünf-Liter-Flaschen zu kaufen ist. Als Digestif bieten sich – je nach Geschmack – verschiedene Alternativen an. Ein **Antiquar**, so nennt man einen guten alten Brandy, oder ein klarer Schnaps aus Feigen, **aguardente de figo**, Weintrauben, **bagaço**, oder aus Baumerdbeeren, **medronho**. Wer etwas

Süßeres bevorzugt, nimmt einen Mandel-, Kräuter- oder Anislikör.

Tischweine sind im allgemeinen von guter Qualität. Besonders gute Anbaugebiete sind Colares, Bairrada, Estremadura und Dão. Früher enthielt der Menüpreis auch den **vinho de casa**, den Hauswein. Heute werden diese Weine, die gewöhnlich aus dem Ribatejo, Alentejo (hat hervorragende neue Sorten) oder aus der Algarve kommen, zu ordentlichen Preisen angeboten. Jahrgangsweine haben eine firmeneigene Bezeichnung wie **magnum** oder **barca velha**.

Aus der nördlichen Minho-Region kommen die **vinhos verdes**, eine rein portugiesische Spezialität. Es sind trockene, moussierende Weine, die jung und sehr kalt getrunken werden wollen. Die Bezeichnung **verde** (grün) bezieht sich denn auch nicht auf die Farbe, sondern auf die Tatsache, daß man den Wein jung trinken sollte.

In der Douro-Region, östlich von Porto bis hin zur spanischen Grenze, wachsen auf schieferhaltigem Boden die Trauben, die später den **Portwein** ergeben. Die sehr reifen Trauben werden nach den ältesten Weingesetzen der Welt gekeltert. Gelagert wird der Wein in Fässern, die zu einem Viertel mit Weinbrand gefüllt sind. **Moscatel** aus Setubal ist ein Dessertwein, süß und fruchtig.

Beim Bestellen im Restaurant ist Ihnen der **Eßdolmetscher** (→ S. 120) behilflich.

Restaurants sind bei den einzelnen Orten im Kapitel »Sehenswerte Orte und Ausflugsziele« beschrieben.

Preisklassen

Die Preise beziehen sich jeweils auf ein Menü ohne Getränke, Steuern und Trinkgeld.
Luxusklasse über 6000 Esc.
Obere Preisklasse bis 5000 Esc.
Mittlere Preisklasse bis 3000 Esc.
Untere Preisklasse bis 1500 Esc.

MERIAN-TIP

Crepe e Sidra Klein, unprätentiös und gemütlich präsentiert sich dieses »Seeräuberbistro«, denn die Wände schmücken entsprechende Bilder. Junge Leute bevorzugen es, Ältere fühlen sich genauso gut aufgehoben. Täglich wechselnd gibt es Gerichte aus aller Welt, auch Vegetarisches. Crêpes mit herzhafter und süßer Füllung, flinke, freundliche Bedienung. Immer guter Apfelwein aus der Bretagne. Loulé, Rua Eng. Duarte Pacheco, 91 a, Untere Preisklasse ■ G 5

Wer Glück und Geduld hat, kann in ganz normalen Kramläden, Werkstätten oder auf Märkten kleine Schätze entdecken.

In Portugal ist die Volkskunst noch heute sehr lebendig. Frauen hocken am Nachmittag zusammen, um Blusen, Taschentücher oder Tischwäsche zu besticken. Gemeinsam arbeiten sie an **arriolos**, den berühmten Teppichen in bunter Kreuzstichstickerei, die in dieser Art schon in früheren Königspalästen gelegen haben. Sie sticken zusammen, flechten Hüte und Fächer aus Palmblättern. Männer formen Stroh- und Weidenkörbe oder Taschen mit farbigen Bordüren und Mustern. Sie löten schlichte Blechlampen zusammen, hämmern Metall und basteln Spielzeug aus Holz. Sie verzieren Eselsgeschirre mit Spiegelscherben und fröhlichen, knallbunten Bommeln und beschlagen Ledergürtel mit Ziernägeln. Handarbeit ist in Portugal auch billiger.

Handeln kann man höchstens noch auf Zigeunermärkten, im Laden ist es unüblich. Die Mehrwertsteuer ist im Preis enthalten. Die heimische Produktion besteht vorwiegend aus Flechtarbeiten, Kupfer- und Messinggegenständen, buntverzierten Ledersachen, Flickenteppichen, Holzarbeiten und aus **doces**, süßen Leckereien.

Öffnungszeiten

Die Geschäfte sind in Portugal von 9 bis 19 Uhr geöffnet. Viele schließen über Mittag von 13 bis 15 Uhr. Manche Läden, vorwiegend in Touristenorten, sind auch am Wochenende und halbtags am Sonntag geöffnet. Die großen Einkaufszentren schließen oft erst zwischen 21 und 23 Uhr.

Es muß ja nicht gleich solch eine lebensgroße Gartenplastik sein, wie sie von manchen Töpferwerkstätten angeboten wird – Sie finden auch »koffertaugliche« Souvenirs an der Algarve.

Arreios

So heißt das liebevoll gearbeitete Eselsgeschirr aus Leder, Spiegelscherben und vielen bunten Bändern. Manche lassen sich einen Spiegel ins Joch arbeiten und hängen ihn in die Garderobe. Zum Verzieren der Maulesel werden Wollquasten angeboten, die auch als Schlüsselanhänger zu gebrauchen sind. Diese Mitbringsel kauft man am besten auf Märkten oder im Kreisstädtchen Loulé, wo sie hergestellt werden. Dort finden Sie auch Glocken und Glöckchen, die den Ziegen und Schafen umgehängt werden.

Azulejos

Die herrlichen blauen Kacheln zählen zu den schönsten Souvenirs der Algarve. Diese Kacheln sind typisch für Portugal und die Algarve. Der Ursprung geht auf die Araber zurück, das Wort leitet sich ab von dem arabischen Begriff **al-zulayi** (= kleiner Stein).

Bonecas de Massa

Diese Teigpüppchen, die aus Madeira kommen, werden mit farbigen Papierbändern geschmückt. **Casalinhos** ist ein Pärchen. Den Glückshahn, **galo**, findet man noch zusammen mit einem Täubchen, **pomba**. Alle Symbole sollen demjenigen, der sie besitzt, Glück bringen.

Eß- und Trinkbares

Die Leckereien der Algarve: Früchte aus Marzipan oder Tiere aus Feigen und Mandeln sind nicht nur hübsch anzusehen, sondern auch schmackhaft. Oder **morgados, rodrigues** und **Nonnenbrüstchen**, das jahrhundertelang nur in Klöstern hergestellte schneeweiße Mandelgebäck – und wie die süßen Küchlein und nahrhaften Eierspeisen noch alle heißen.

Außerdem gibt's duftenden, reinen Honig zu kaufen. Er wird auch einem Brandy zugesetzt, der dann als **Brandymel** in den Handel kommt. Für stabile Mägen ist **medronho** ein originelles Mitbringsel, hart und klar, ein Schnaps aus Baumerdbeeren.

Flechtarbeiten

Überall an der Algarve werden Hüte, Taschen, Stühle und Krimskrams aus Stroh, Sisalfasern und Weide angeboten. Ordentliche Handwerksarbeit.

Keramik

Bemalte Töpferarbeiten haben in Portugal eine lange Tradition, einige Werkstätten arbeiten noch heute nach Vorlagen aus dem 17. und 18. Jh. Keramik aus Coimbra ist besonders hübsch, aber leider auch seltener zu bekommen. Daneben stehen einfache Gebrauchskunst, naiv bemalte Tonscherben, Geschirr mit kleiner Musterkante und – ohne Bemalung – wohlgeformte Krüge und Blumentöpfe, manchmal mit gefälteltem Rand, mit Henkeln oder eingeritztem Muster.

Speziell aus Barcelos im Norden Portugals kommen dickbäuchige glasierte Schalen, die mit gelbem Punktmuster verziert sind. Darüber hinaus wunderschöne knallbunte Vogelkerzenleuchter und eigenartige Tier-Mensch-Gestalten, Hundertschaften von **galos**, den typischen portugiesischen Glückshähnen, und tönerne Flöten oder Vogeltrillerpfeifen. Mit etwas Glück entdeckt man auch Weihnachtskrippen aus bemaltem Ton, naiv und märchenhaft zugleich. Sie kommen aus Estremoz.

Kork

Aus Naturkork, der Rinde der Korkeiche, werden feingeschnitzte Kästchen angeboten. Auf den Märkten gibt es einfache Schöpfkellen ohne Griff. Aus ihnen trinkt man Wasser, oder man schöpft mit ihnen Oliven aus dem Vorratstopf. Sonst noch: Sets, Untersetzer, Bilderrahmen, Bucheinbände.

Kunsthandwerk

Viermal im Jahr findet in verschiedenen Orten eine **feira de serra** statt, eine Messe, auf der (Kunst-)Handwerker zeigen, was sie machen. Dies ist eine gute Gelegenheit, Volkskunst günstig zu kaufen. Plakate beachten oder im Hotel fragen. Im August ist in Lagoa die FATACIL, eine große Messe, wo sich die Kunsthandwerker des Landes treffen, arbeiten und verkaufen.

Kupfer und Messing

Kupferschmiede haben einen besonders guten Ruf im Kreisstädtchen Loulé. Außer soliden Bratpfannen und Tabletts findet man dort eine große Auswahl an **cataplanas**, den Schmortöpfen, die dem Fischeintopf seinen Namen gaben. Sie sind eine rein algarvische Spezialität und erinnern an einen Wok.

Musik

Musik bringt Erinnerungen an einen schönen Urlaub am schnellsten zurück. Auf Kassetten und CDs finden Sie volkstümliche und moderne Musik. **Amalia Rodrigues** gilt als die beste Fadosängerin. **Madredeus** verquicken Volks- und klassische Musik. Viel Brasilianisches wechselt mit »schwarzer«, gefühlvoller Musik von den Kapverden. Tip: **Cesaria Évora**! Für Junge: **Iris**, Algarves beliebteste Rock- und Popband. Auch die fröhliche Musik der **Ranchos Folclórico** ist eine Erinnerung wert.

Schmuck

Typisch ist versilberter oder vergoldeter Schmuck in Motiven aus dem 17. und 18. Jh. Attraktiv sind die schönen großen Zigeunerohrringe (als Clips oder Stecker).

MERIAN-TIP

Sehenswert sind die großen **Zigeunermärkte**, die **feiras**, die zu bestimmten Zeiten an bestimmten Orten regelmäßig abgehalten werden. Sie sind laut, bunt und voller Leben. Schafe und Stroh, Stiefel und duftendes Schmalzgebäck, T-Shirts und Handtücher, selbst filigrane Ohrringe und viel mehr wechselt für wenig Geld den Besitzer. Jeden zweiten Sonntag im Monat findet so ein Markt z.B. in **Estoi** statt. Sie sollten allerdings früh da sein, mittags ist das Spektakel zu Ende. Nach anderen Zigeunermärkten im Tourismo fragen.

■ H 5

Schuhe

In den Schaufenstern der Schuhgeschäfte entdeckt man viele gutgearbeitete Schuhe, auch international renommierte Ware, die hier hergestellt wird. Probleme gibt es allerdings für denjenigen, der große Füße hat. Einige Geschäfte lassen die richtige Größe innerhalb einer Woche ohne Aufpreis anfertigen. Sie kaufen billiger als in Deutschland!

Spielzeug

Ein Mann, der auf dem Einrad fährt, pickende Hühner oder ein Ochsenwagen – alles ganz einfache, aber bewegliche Arbeiten aus Holz, die Erwachsene oft noch mehr erfreuen als Kinder. Solides Kinderspielzeug stellen sechs Frauen bei Alte in hervorragender Qualität her: **brinquedos de Madeira**. Es wird zum Beispiel im **Casa de Serra** in Faro, in der Nähe der Markthalle, verkauft.

Textilien

Einfarbige oder kunterbunte Baumwollteppiche (Flickenteppiche) in verschiedenen Formaten kosten wenig und überstehen die Wäsche in der Maschine. Auf Märkten oder in Souvenirläden ist das Angebot groß. Hauchzarte Madeirasets, Tischdecken und auch Taschentücher sind teurer, aber sehr schön. Daneben gibt es Deckchen in Lochstickerei, handgewebte Tischläufer, Kissenbezüge, bestickte Kinderkleidchen oder – wenn man Glück hat – ein »Liebespfand-Taschentuch« aus dem Minho. In Viana do Castelo besticken vor allem junge Mädchen Leinentücher mit feinem, rotem Kreuzstich, mit Mustern und Initialen und natürlich auch mit dem innigen **amo ti**, ich liebe dich.

Buntbemalte Töpferarbeiten haben in Portugal eine lange Tradition. Viele Werkstätten – wie dieser kleine Laden in Tavira – fertigen Teller und Schüsseln noch nach alten Vorlagen.

Arraiolos heißen die kunstvoll gestickten Wollteppiche, die es schon seit Jahrhunderten gibt. In guten Souvenirläden oder Teppichgeschäften wird man mit Sicherheit fündig. Schwer, aber sehr wärmend sind die Wolldecken aus dem Alentejo. Leichter sind baumwollene Bettdecken, die man auch als Tischdecken benutzen kann. Besonders reichverzierte Exemplare werden in Castelo Branco hergestellt, auf ihnen blühen seidene Blumen in zarten Pastelltönen.

Vinho do Porto

Fast von jedem guten Jahrgang gibt es Portweinflaschen. Nur wenn die Qualität nicht ausreichte, hat man einen Jahrgang nicht eingelagert.

Kinderland Portugal: Ob in Restaurants, am Strand, im Bus oder auf dem Markt – Kinder haben Vorfahrt, und Kinder dürfen fast alles.

Die flachen Strände an der Ostküste sind ideal für Kinder. An der Westküste eignet sich die **Praia da Rocha** oder der Strand vor dem Hotel Atlantis in **Vilamoura**.

Wer im Frühling mit Kindern Urlaub macht, muß natürlich zum **Karneval** nach Loulé gehen. Dafür bekommen Schulkinder drei Tage Ferien und stürzen sich mit Begeisterung in das bunte Treiben – natürlich angemalt und verkleidet. Die einzelnen Schulen veranstalten Umzüge, in denen die Klassen sich ein Thema gewählt haben, das sie durch ihre Kostüme deutlich machen.

Nicht zu übersehen sind die **Wasserrutschen**: Da gibt es **Aqualine** (N 125, Altura), **Big One** (N 125, Alcantarilha), **Aquashow** (Semino-Quarteira), **Slide Splash** (N 125, Lagoa). Der Eintritt hängt davon ab, wann man kommt. Nachmittags ist es billiger als für den ganzen Tag (ca. 1200 Esc).

Kindern macht es auch Spaß, den **Folkloretänzern** zuzuschauen, weil oft Kinder mittanzen. Sie treten in vielen Hotels auf.

Früh übt sich, wer einmal Herr der sieben Meere werden will: An der Algarve gibt es Segelkurse nicht nur für Mama und Papa, sondern auch für kleine Sportler – natürlich in passenden »Optis«.

Krazy Golf E 4

Dies ist ein Abenteuer-Minigolfplatz, der nicht nur Kindern Spaß macht! Er gilt als Europas größter und originellster Platz, liegt zwischen Seen und schattenspendenden Bäumen, und Pony, Esel, Ziege, Schwein und Enten sind Zuschauer eines vergnüglichen Tages. Zum Abkühlen wartet ein Pool, ein Restaurant bietet Pizza und anderes. Sie fahren von der N 125 bei Guia ab nach Algoz, dort führen Schilder zum Golfplatz.
Tel. 082/54 134
Tgl. ab 10 Uhr bis zum Dunkelwerden
Eintritt für Krazy Golf Erwachsene 950 Esc., Kinder 750 Esc.
Möchte man mehr unternehmen, zahlt man als Erwachsener 1600 Esc., als Kind 1300 Esc.

Museu Etnográfico
b 2, Umschlagrückseite

Falls doch einmal dicke Wolken am Himmel drohen, ist dies ein auch für Kinder interessantes Heimatmuseum. Hier kann man sich anschauen, wie man früher auf dem Lande lebte; es sind richtige Algarvehäuschen mit allem Drum und Dran aufgebaut.
Praça Alexandre Herculano
Faro
Tgl. außer Sa und So 9.30–12.30 und 14–17.30 Uhr
Eintritt 120 Esc.

Museu Etnológico do Trajo Algarvio
H 5

Für Kinder ab zehn Jahren ist dieses Heimatmuseum in einer alten Quinta interessant. Dort sieht man zum Beispiel, wie Kork bearbeitet wird.
S. Brás de Alportel
Rua Dr. J. Dias Sancho, 61
Tgl. 10–13 und 14–17 Uhr, Sa, So und feiertags 14–17 Uhr
Eintritt 100 Esc., Kinder bis 10 Jahre freier Eintritt

Museu Marítimo Almirante Ramalho Ortigão
a 2, Umschlagrückseite

Hier kann man Nachbildungen alter Karavellen bestaunen und erfährt etwas über historische Fischerei.
Am Yachthafen hinter dem Hotel Eva, im Haus der Hafenverwaltung
Faro
Mo–Fr 9.30–12.30 und 14–17.30 Uhr, Sa 9–13 Uhr
Eintritt frei

Zoomarine E 5

Diese Anlage ist ein Höhepunkt für Kinder; hier gibt es eine Menge zu tun und zu bestaunen. Man kann nach Herzenslust in mehreren Karussells fahren. Dann gibt es dort fabelhafte Hopsburgen, die zu tollen Kunststücken herausfordern. Man muß sich vor Aufregung ducken im Kugelkino, in dem dreidimensionale Filme gezeigt werden. Und dann sind da die bunten Papageien, die im Jeep oder auf einem Motorrad übers Drahtseil fahren und viele andere Kunststücke vorführen.

Ein Nilpferd ist zu sehen, Robben und eine tolle Delphinshow. Mit Tempo und sichtlichem Vergnügen zeigen die brasilianischen Trainer und die Tiere ein Spektakel, an dem auch Erwachsene Spaß haben.
N 125 bei Guia, zwischen Albufeira und Lagos
Tgl. 10–18 Uhr, die erste Show beginnt um 11 Uhr, in der Hochsaison tgl. 9–20 Uhr
Eintritt (für den ganzen Tag und alle Aktivitäten) für Erwachsene 1500 Esc., Kinder 1000 Esc.

Schwimmer, Surfer, Segler, Golfer, Wasserskiläufer und Taucher, alle kommen hier voll auf ihre Kosten.

Angeln zählt zu den beliebtesten Nationalsportarten – es kommt gleich hinter der Begeisterung für Fußball oder Radrennen. Tennis spielt man auf hoteleigenen Plätzen oder speziellen Tenniscourts. Reitschulen und Reitställe stellen in der Regel gute Pferde, erfahrene Reitlehrer, Spring- und Dressurplätze zur Verfügung. Man kann auch am Meer ausreiten. Für Golfer ist die Algarve ein Paradies. Rund ums Jahr lassen sich alle Plätze bespielen. Wegen des großen Andrangs muß man in der Saison auf einigen Plätzen vorher Startzeiten einholen.

Die 155 Kilometer lange algarvische Südküste gliedert sich ins Barlavento, die Luvseite, die vom Kap São Vicente bis Faro verläuft, und das Sotavento, die Leeseite, die sich von Faro bis zum Grenzfluß Guadiana hinzieht. Das Barlavento ist die Felsalgarve, das Sotavento die Sandalgarve. An der Steilküste des Barlavento, eingerahmt von malerischen Klippen, findet man die bekanntesten Sandstrände. Die östliche Hälfte der Südküste hat mit ihren kilometerlangen Sandstränden, Dünen und vorgelagerten Sandbänken durchaus auch ihren Charme. Wer einen reinen Badeurlaub plant, der sollte jedoch an folgendes denken: Die Sonne hat viel mehr Kraft, als man glaubt. Und selbst bei bedecktem Himmel holen Sie sich leicht einen Sonnenbrand, wenn Sie nicht aufpassen. An Hotelstränden und bewachten Stränden wehen Segel, **toldos**, die als Sonnenschutz an zwei Pfählen befestigt sind. Man kann sie täglich oder wochenweise mieten. Außerdem gibt es Sonnenschirme zu kaufen, die in den Sand gesteckt werden. Auch wenn man es am Atlantik nicht so spürt, ist es im Sommer extrem heiß.

Offizielle FKK-Strände gibt es nicht, wohl aber einzelne Strandzonen, wo Touristen hüllenlos baden. Gern gesehen wird es jedoch nicht. Oben ohne ist nur an internationalen Stränden oder an der Westküste üblich.

Die Flaggen an bewachten Stränden bedeuten:

Rot = Gefahr. Nicht baden.
Gelb = Achtung. Baden noch erlaubt, aber nicht schwimmen.
Grün = Alles in Ordnung.
Kariert = Pause. Der Strand ist im Moment unbewacht.

Das größte und turbulenteste Ferienzentrum an der Algarve: Albufeira bietet einen kindgerechten Strand, Sport in allen Varianten, Animation rund um die Uhr – mit einem Wort: Hierher kommt man, um sich zu vergnügen.

Golf

Palmares ■ C 5
Platz auf hügeligem Gelände, mit schönem Meerblick. Östlich von Lagos gelegen. Im Frühjahr Mandelblüten-Competition.
Tel. 0 82/76 29 61, 76 89 58

Parque de Floresta ■ B 5
Er gilt als ziemlich schwierig zu bespielen. 16 km westlich von Lagos in der Nähe des Salema-Strandes.
Vale do Poço, Budens
Tel. 0 82/6 53 33

Penina ■ D 5
Der 6889-m-Platz kostet nicht so versierte Spieler einige Bälle, denn Henry Cotton hat aus dem ehemaligen Reisfeldgebiet einen interessanten Course mit Gräben und Teichen gemacht.
Portimão/Alvor, ca. 4 km außerhalb von Portimão Richtung Lagos
Tel. 0 82/41 54 15

Quinta do Lago ■ G 6
16 km von Faro entfernt liegen die absoluten Top-Plätze, sie zählen zu den schönsten Europas. Der Amerikaner William Mitchell entwarf sie. Seit 1987 werden hier die internationalen offenen Meisterschaften ausgetragen. 36 Löcher zum Kombinieren.
Tel. 0 89/39 45 29

San Lorenzo ■ G 5/G 6
An den Ufern des Naturschutzgebiets gelegen, gilt er als einer der schönsten Plätze Europas. 18 Löcher.
Architekten: Joseph Lee und William»Rocky« Roquemore.
Tel. 0 89/39 65 22/ 34

Vale do Lobo ■ G 5
Gilt seit 35 Jahren als Topadresse. 27 Löcher. Architekt: Henry Cotton. Neu dazu gekommen sind die Royal und Ocean Courses mit jeweils 18 Löchern. Architekt war auch hier Rocky Roquemore.
Tel. 0 89/39 39 39

Vale do Milho ■ D 5
In Praia do Carvoeiro gestaltete David Thomas den 18-Löcher-Platz (9+9).
Tel. 0 82/35 71 95, 35 85 02

Vilamoura I ■ F 5
In Vilamoura bekommt man besonders schwer Startzeiten, denn viele internationale Spieler lieben diesen Platz zwischen Schirmpinien. 29 km von Faro entfernt. Frank Pennink ist der Gestalter. 18 Löcher.
Tel. 0 89/31 36 52/38 99 08

Vilamoura II ■ F 5/G 5
Frank Pennink entwarf ihn, und Trent Jones gestaltete ihn neu.
18 Löcher.
Vilamoura-Quarteira
Tel. 0 89/31 55 82/31 27 04

Vilamoura III ■ F 5
Der amerikanische Platz wurde gestaltet von Joseph Lee. Eine offene Parklandschaft mit Seen. Angeschlossen ist eins der schönsten Club-Restaurants des Lissaboner Architekten Alberto Cruz.
Tel. 0 89/38 07 22/3/4

Tennis

Burgau Sportzentrum ■ B 5
Zwischen Burgau und der Lagos–Sagres–Hauptstraße gibt es drei Allwetterplätze. Sonntags besondere Tennisnachmittage (außerdem Squashhalle). Trainerstunden.
Tel. 0 82/76 53 50

Carvoeiro Club de Ténis ■ D 5
Zehn Allwetterplätze, fünf davon mit Flutlicht. Für Kinder gibt es einen Extraplatz, halb so groß wie normal.
Tel. 0 82/35 78 47

Luz Bay Club ■ B 5
Drei Tennisplätze und Squashhalle.
Tel. 0 82/76 95 84

Quinta da Luz ■ B 5
Zwei Sand-Tennisplätze mit benachbartem Kinderspielplatz. Schlägervermietung. Reservierung möglich.
Tel. 0 82/76 94 91

Rock Garden Vilamoura ■ F 5
Bietet Tages-, Drei-Tage- und Fünf-Tage-Mitgliedschaft. Auch Badminton und Squash.
Tel. 0 89/31 47 40

Wassersport

Algarve Wassersportzentrum Praia Grande ■ D 5
In Ferragudo Wasserski, Windsurfen (auch Unterricht), ideal für Anfänger.
Tel. 0 82/46 11 15

Bootstouren
Überall. Vergleichen Sie die Preise. Auskunft: Reiseagenturen.

Deutsche Windsurfschule Praia da Rocha/Strand ■ E 5
Surf-, Segel-, Katamaranvermietung und -unterricht. Jet-Ski.
Tel. und Fax 0 82/8 46 58

Sea Sport Center Praia da Luz ■ B 5
Wrack- und Nachttauchen, Ausbildung nach VIT-CMAS.
Av. dos Pescadores, Loja 4, Lagos
Tel. und Fax 0 82/78 95 38

The Sail Company Lagoseira ■ C 5
Für Anfänger und Könner Catamaran-Segeln in Meia Praia / Lagos. Kompetente Trainer. Segeltreffs zu Ostern und Weihnachten.
Tel. (0) 931.30 49 57, Internet: www.kpo.de sailcompany

Aller Anfang ist schwer: Beim Surfunterricht wird die Bauchlandung schon mal vorweggenommen...

Strände von West nach Ost

Beliche/Sagres ■ A 6
5 km nördlich von Sagres gelegen. Ein Pfad führt etwa 200 m hinunter zum Strand. Sehr gute Surfmöglichkeiten, nur bei Westwind ungünstig. Für Kinder und Angler geeignet.

Santa Mareta/Sagres ■ A 6
Links vom Leuchtturm. Sandstrand ohne Felsen, flach. Besonders für Kinder geeignet.

Martinhal ■ A 6
Ausgesprochener Kinderstrand. 2 km vor Sagres. Dünen.

Salema ■ B 5
Dorf am Strand, im Sommer voll. Viele Jugendliche. Langer Strand, gutes Surfgelände. Gut für Kinder.

Burgau ■ B 5
Ausgeschildert von der N 125 oder Klippenweg von Praia da Luz. Fischerdorf. Guter Kinderstrand.

Praia da Luz ■ B 5/C 5
Von Espiche gut zu erreichen. Wassersportcenter.

Ponta da Piedade ■ C 5
Hierhin fährt man am besten von Lagos aus mit dem Boot. Hohe Klippen mit ausgewaschenen Grotten.

Meia Praia ■ C 5
Schließt östlich an die Marina von Lagos an. Einer der längsten Dünenstrände. Gutes Surfgebiet. Gut für Kinder, aber manchmal starke Strömung.

Três Irmãos/Alvor ■ C 5
Fortsetzung von Meia Praia hinter Molen und Flußmündung. Lang, später endet er in Felsbuchten. Sehr gut für Surfer!

Praia da Rocha ■ D 5
Hauptstrand von Portimão und klassischer Badestrand seit 30 Jahren. Schöne Felsformationen. Guter Strandspaziergang. In der Saison voll. Für Kinder geeignet.

Ferragudo ■ D 5
5 km hinter der alten Portimão-Brücke rechts ab durchs Dorf. Geschützter Strand, weit und sandig. Hervorragend für Kinder.

Carvoeiro ■ D 5
Die schmalen Buchten sind windgeschützt, aber klein. Nachmittags fehlt ihnen oft die Sonne. Der Fischerstrand, mitten im Dorf, ist malerisch.

Centianes/Carvoeiro ■ D 5
Etwa 4 km von der Ortsmitte Carvoeiros entfernt. Schmale, romantische Bucht, über lange Treppen zu erreichen. Gutes Surfgebiet.

Carvalho/Carvoeiro ■ D 5
Etwa 5 km außerhalb Carvoeiros, in der Nähe der Urbanisation »Alfanzina«. Hinter der Siedlung endet die Straße, und ein Weg führt rechts an der Mauer entlang bis zum Tunneleingang, durch den man den zwischen haushohen Felsen abgeschiedenen Strand erreichen kann, der auch »Schmuggler-Strand« genannt wird.

Marinha ■ E 5
Von der N 125 gegenüber der Internationalen Schule von Porches. Ziemlich groß und mit schönen Klippen und Bucht.

Armação de Pêra ■ E 5
Sie fahren von der N 125 nach Armação und durch den zugebauten Ort am Meer. Hier beginnt ein 6 km langer Sandstrand. Sehr gut für Kinder geeignet.

Praia de Galé ■ E 5
Schließt sich an den Strand von Armação de Pêra an und gehört schon zu den Albufeira-Stränden. Geduldeter Nacktbadestrand. Weit und flach, gut für Kinder. Man biegt auf der Straße Albufeira-Pêra bei Vale de Parra ab, dann etwa 2 km, rechts halten.

Praia do Castelo ■ E 5
Dieselbe Anfahrt wie zum benachbarten Galé-Strand. Doch anstatt sich rechts zu halten biegt man nach etwa 1 km links in den Castelo-Weg ab. Hübsche, kleine Bucht, ruhig und geschützt.

Praia de São Rafaël ■ E 5/F 5
3 km außerhalb Albufeiras in Richtung Pêra. Geschützte Felsenbucht. Beliebter Picknickplatz.

Praia de Baleeira ■ E 5
Nach dem Ortsausgang Albufeiras in Richtung Pêra. Eingang bei der Kurve mit Kiosk. Ideal zum Tauchen.

Praia Grande ■ E 5
5 km westlich von Albufeira. Man kann auf einem Höhenweg dorthin gelangen. Kurz vor Praia Grande befindet sich ein Felsenabschnitt, der »Bibliotéca« genannt wird, weil verschiedenfarbige Gesteinsschichten senkrecht »wie Bücher stehen«. Vom Boot aus besonders gut erkennbar! Praia Grande ist eine Bucht mit roten Felsen, sandig und gut zum Baden.

Albufeira ■ F 5
Der Stadtstrand ist durch einen Tunnel in der Nähe des Sol e Mar-Hotels zu erreichen. Er ist etwa 800 m lang, aber im Sommer restlos überfüllt. Eine Felsnase trennt den Badestrand vom Fischerstrand. Von dort aus setzt sich ein langer Strand in östlicher Richtung fort, der bis Praia de Oura reicht. Je weiter man nach Osten geht, um so leerer wird der Strand.

Die bizarr-skurrilen Steinformationen der Ponta da Piedade südlich von Lagos sind ein landschaftliches Highlight der Algarve. Eine Bootstour durch das Felsgewirr mit seinen winzigen Stränden ist ein unvergeßliches Erlebnis.

Praia de Oura F 5
Der kleine Goldstrand ist genauso voll wie der große Stadtstrand. Aber er liegt hübsch. In der Nähe kann man gut schnorcheln. Die Klippen vorm Hotel Auramar reichen auch bei Ebbe ins Meer hinein. Felsiger Grund, nicht tief. Viele Tintenfische.

Olhos de Água F 5
Netter, aber voller kleiner Ort mit kleinem Strand. Abbiegen von der Straße Albufeira-Vilamoura. Ehemaliges Fischerdorf.

Falésia F 5
Zwischen Albufeira und Vilamoura gelegen. Rote Felsen im Rücken, flacher, feiner Strand zu allen Seiten. Der Weg führt durch die Siedlung Aldeia das Açoteias, Parkplatz auf den Klippen. Man geht eine Treppe zum Strand hinunter. Gutes Gebiet für Surfer und Wellenreiter. Idealer Platz für Kinder.

Falésia/Vilamoura F 5
In Vilamoura, rechts von der Marina, läuft der Falésia-Strand aus. Weit, zum Teil mit Dünen und Steilküste. Manchmal etwas windig. Gut zum Surfen und für Kinder.

Praia da Marinha/Vilamoura F 5
Ein Strand für kleine Kinder! Vor dem Hotel Atlantis. Ruhige See.

Quarteira G 5
An der Stelle des ehemaligen Fischerdorfes wurde ein Touristenzentrum mit Apartmenthäusern und Restaurant aus dem Boden gestampft. Der Strand liegt direkt hinter der Hauptstraße, ist etwa 20 m breit und wird von gemauerten Wellenbrechern in 100 m lange Parzellen unterteilt. Diese sind nötig, damit die Winterstürme den Strand nicht fortspülen. Guter Kinderstrand.

Vale do Lobo G 5
Luxus-Urbanisation, sehr gepflegt. Ausgeschildert von Almansil. Am Ende der Urbanisation geht's zum Strand, der weit und feinsandig ist. Dünen und Kliffs. Wassersport.

Dunas Douradas G 5
Luxus-Urbanisation. Aber schöner, sauberer Strand. Liegt unmittelbar vor Vale do Lobo.

Praia de Anção G 6
Ist die Fortsetzung der Dunas Douradas. Schöner, weiter Dünenstrand. Man fährt von der Straße Vale do Lobo/Quinta do Lago beim Schild Vale Garrão ab, einige Kilometer über den Feldweg, der vor Lagunen endet. Ein langer Steinweg führt zur Baracke von »João Passos«. Von dort aus kommt man am leichtesten an den weiten Strand.

Quinta do Lago G 6
Ausgeschildert von Almansil. Luxus-Villenanlage in weitem Pinienhain. Man fährt bis ans Ende der Straße zum bewachten Parkplatz. Zu Fuß über eine lange Holzbrücke zum traumhaften, langen Strand im Parque Natural da Rio Formosa. Surfgebiet. Lediglich die Flugzeuge donnern etwas zu häufig über diesen Strand.

Armona, Culatra, Farol H 6/I 6
Drei Badeinseln, die mit dem Boot zu erreichen sind. Abfahrt der Fähre nach Armona stündlich von 7.45–20.30 Uhr. Nach Culatra und Farol im Zwei-Stunden-Rhythmus von 7–19.30 Uhr. Die Boote verlassen das Dock in der Nähe der pittoresken Markthalle in Olhão. Tickets gibt es gegenüber in der GALP-Tankstelle. Auch in Fuseta gibt es Fährverbindungen auf die Insel Armona.

Pedras d'el Rei ■ I 5
Ferienanlage, von der N 125 ausgeschildert. Exzellentes Surfgebiet, aber windig am Nachmittag. Zum Strand, der auf einer Sandbank liegt (mit Restaurants und Surfschule), fährt von der Urbanisation Pedras d'el Rei eine bunte, offene Bimmelbahn über einen Damm.

Tavira ■ K 5
Taviras Strand liegt auch auf einer Insel, sie ist größer als die anderen. Die Fähre fährt halbstündlich von 7.55–20.30 Uhr. Man fährt ins Zentrum Taviras und biegt am Fluß Gilão nach rechts ab, folgt dem Fluß, fährt an der Markthalle vorbei, der Werft und den Salinen. Am Ende der Straße befindet sich die Anlegestelle. Die Badeinsel hat außer einem weiten, sandigen Strand einige Ferienhäuser und einen Campingplatz. Da es auf der Insel wenig Schatten gibt, nehmen Sie besser einen Sonnenschirm mit.

Cabanas ■ K 5
Dünen hinter dem Strand, ein offener, sauberer, flacher Strand, ideal für Kleinkinder. Das kleine Fischerdorf ist längst vom Tourismus überrollt und hat seinen Charme eingebüßt.

Manta Rota ■ K 5
Von der N 125 ausgeschildert. 10 km weicher Sandstrand, geschützt durch die Dünen, die fast Ostseecharakter haben. Das Wasser soll hier wärmer als anderswo sein. Aufgrund seiner geschützten Lage ein guter Kinderstrand (es ist auch ein Spielplatz vorhanden)! Der Strand geht bis Monte Gordo, einem beliebten Ferienort kurz vor der spanischen Grenze, der von einem Pinienwald abgeschirmt wird, in dem noch Leguane leben. Durch seine Länge verlockt der Strand zu ausgedehnten Strandwanderungen oder zum Joggen. Er ist ein beliebter Treffpunkt portugiesischer Familien.

Der Strand von Portimão gehört zu den Klassikern an der Algarveküste. Er ist zwar nicht mehr so nobel wie früher, aber der feine Sand ist geblieben.

Algarvios feiern gern. Die religiösen Feste bilden in Portugal eine gesunde Mischung aus spirituellem Anliegen und profanem Geschehen.

Im Süden werden sie weniger aufwendig und weniger häufig gefeiert als im gläubigeren Norden. Aber alle Feste – egal, ob es sich um eine **romaría**, eine Wallfahrt, handelt oder um eine **feira**, was mehr einem Jahrmarkt entspricht –, alle beginnen mit kräftigen Böllerschüssen am frühen Morgen und enden gegen Mitternacht mit einem funkelnden Feuerwerk.

In vielen Orten findet einmal im Monat ein besonderer **Markt** statt zum Billigeinkauf. Als Beispiel jeden ersten Sonntagvormittag in **Moncarapacho** und am darauffolgenden, also dem zweiten Sonntag eines Monats, in **Estói**. Solch eine Veranstaltung, auf der von der Ziege über Gemüse und Schinken bis zum Baumwollhemd alles zu haben ist, ist nichts für empfindliche Gemüter. Ein Konglomerat unterschiedlichster Gerüche und Lärm gehört nun mal unweigerlich zum Marktgang. Es empfiehlt sich früh aufzustehen.

TOPTEN 4

Auch Musikliebhaber kommen an der Algarve auf ihre Kosten. So kann man alljährlich im Frühjahr und Sommer an einem internationalen Musikfestival (**Festival Internacional de Musica**) teilnehmen, das an der ganzen Algarve stattfindet. Orchester, Solisten, Chöre, das National- und das Gulbenkian-Ballett aus Lissabon treten dann an verschiedenen Orten auf. Die Konzerte beginnen nie vor 21 Uhr.

Eines der wichtigsten Feste ist das **Kirchweihfest in Loulé**, das zwei Wochen nach Ostern zu Ehren der Senhora da Piedade gefeiert wird. Tausende Menschen nehmen jährlich teil.

Drei Tage Trubel: Das große Kirchweihfest von Loulé beginnt mit einer feierlichen Prozession und endet mit einem spektakulären Volksfest. Tausende sind alljährlich dabei.

Februar
Karneval und Mandelblütenfest
Mitten in der Karnevalszeit wird in Loulé auch das Mandelblütenfest gefeiert.

April/Mai
Mae Soberana
Prozession, Markt und Volksfest in Loulé.
Ostern (Ende April/Anfang Mai)

Mai
Festa da Fonte Grande
Fest voller Blumen im malerischen Bergdorf Alte. Festzug beginnt nachmittags.
1. Mai

Festa da Espiga
Eine Art Erntedankfest mit Wagenkorso in Salir.

Fest der Puppen
In Quelfes, Fuseta, Marim (Olhão) stellt man am 1. Mai selbstgemachte **maios** (Puppen) in alten Klamotten an den Straßenrand, um den Winter zu verjagen.

Wagenkorso
Im nahen Estoi können Sie palmengeschmückte Wagen bewundern. Dieser Korso ist eine Erinnerung an beschwerliche alte Reisezeiten der Händler des Alentejos, die dankbar ihre Ankunft im Süden feierten, wenn sie nicht Räubern in die Hände gefallen waren.

Juni
Heiligenfeste
Im Juni ehrt man in Portugal vier Heilige: am 3. São Gonçalo, am 13. Santo António (zum Beispiel in Faro). Dort feiern ihn vor allem heiratswillige Mädchen. Bevor der Schutzpatron sich nach seiner Prozession wieder auf seinen Kirchensockel zurückzieht, bombardieren ihn die Mädchen mit Kieselsteinen und Blumen, damit er sich an sie erinnert und ihnen zu einem Ehemann verhilft. Am 24. ist São João und am 29. São Pedro an der Reihe. Er ist nicht nur der Schutzheilige der Fischer, sondern er verwahrt auch die Schlüssel für die Himmelspforte.

Stadtfest von Castro Marim
Handwerksmarkt auf dem Burggelände in Castro Marim mit Musik und Tanz. Gute Einkaufsmöglichkeit.
23. und 24. Juni

August
Festa do Emigrante
In vielen Dörfern »schwoft« man auf der Wiese, wenn die Gastarbeiter aus anderen Ländern zu Besuch kommen. Zu erkennen an den mit bunten Fähnchen geschmückten Plätzen. Gäste sind willkommen.

September
Volkstanzwettbewerb
Volkstanzgruppen aus Portugal und Madeira treten zum Wettanzen an. Die Sieger präsentieren sich jeweils an einem Sonntag in Praia da Rocha.

November
Martinsfest
Am 11. des Monats ißt man geröstete Kastanien und wäscht seine Füße an einer Quelle, damit sie zum »Weintreten« sauber sind.

Mes des Mortes
Der Monat ist den Toten geweiht. Auf den Gräbern, deren marmorne Grabplatten geputzt werden, brennen Ewige Lämpchen. In alter Zeit versammelte man sich am Totensonntag auf dem Friedhof, um mit der Familie und den Verstorbenen zu picknicken, denn sie sollten weiter am Familienleben teilnehmen.

Die »weiße Stadt am Meer« ist eines der größten, schrillsten Ferienzentren der Algarve, voller Leben, voller Aktivität, mit internationalem Publikum.

Albufeira

F 5

20 000 Einwohner

Stadtplan → S. 43

Das lebhafte Städtchen, das noch in den sechziger Jahren ein ruhiges Fischerdorf war, ist heute **die** Touristenhochburg. Engländer, Schweden, Holländer und Deutsche trifft man am häufigsten. Trotz des touristischen Ansturms, der einen regelrechten Boom in der Hotel- und Gastronomiebranche mit sich brachte, lassen sich die einheimischen Fischer nach wie vor nicht stören. Sie trinken nach getaner Arbeit in ihrer Stammkneipe in der Nähe des alten Fischmarktes ihr Gläschen Rotwein und schmunzeln über die Gäste. Vor allem junge Besucher zieht das Flair der Stadt an. Wegen des Erdbebens von 1755, dem mehr als die Hälfte der Stadt zum Opfer fiel, gibt es nur wenig Kunsthistorisches zu besichtigen. Dafür finden Sie dort einige besonders schöne Geschäfte wie zum Beispiel **Apumanke** mit gutem Silberschmuck und ausgesuchten Schmucksteinen (→ S. 44).

Sonne, Sand und Spaß: Die beiden Strände von Albufeira sind während der Saison gut besucht bis überfüllt – das überwiegend junge Publikum findet's klasse. Schließlich wird hier alles geboten – außer Ruhe...

Hotels/andere Unterkünfte

Brisa Sol
Hotelapartements, Stadt und Ozean überblickend, nahe Zentrum. Viele Sportmöglichkeiten und türkisches Bad.
Cerro da Alagoa, 27
Tel. 0 89/58 94 -18 -36 -38,
Fax 58 82 54
165 Apartements
Mittlere Preisklasse (AE, EC, Visa)

California ■ c 2
Hübsches Hotel in der Altstadt zwischen Fischerstrand und altem Marktplatz mit guter Küche. Im Winter Kochkurse, Weinseminare, Wanderungen. Deutsche Leitung.
Rua Candido dos Reis
Tel. 0 89/58 68 33, Fax 58 68 50
55 Zimmer
Obere Preisklasse (AE, DC, EC, Visa)

Falésia
Großes 4-Sterne-Hotel im Pinienwald über dem Meer, 10 km von Albufeira. Innen- und Außenpool.
Pinhal do Concelho, Apart. 785
P-8200 Albufeira
Tel. 0 89/50 12 37
112 Zimmer
Obere Preisklasse (AE, EC, Visa)

Sheraton Algarve
Auf den Klippen von Falésia, 10 km von Albufeira entfernt, ist dieses schöne Hotel wie ein großzügiger Landsitz gebaut. Innenhöfe, Fontänen, weite Terrassen und ein 9-Loch-Golfplatz.
Praia da Falésia, P.O. Box 644
P-8200 Albufeira
Tel. 089/50 19 99, Fax 50 19 50
Buchung in Deutschland:
Tel. 01 30/85 35 35
Luxusklasse (AE, DC, EC, Visa)

Sol e Mar ■ b 2
Alle Zimmer haben einen Balkon zum Meer, direkt über dem Stadtstrand. Man spricht deutsch.
Rua José Bernadino de Sousa
Tel. 0 89/58 67 21/24
74 Zimmer
Obere Preisklasse (AE, DC, EC, Visa)

Vila Joya
Wie aus »Tausendundeiner Nacht« für exklusive Gäste, die eine Oase am Meeresstrand suchen. Das kleine, exquisite Hotel liegt 6 km von Albufeira am Galé-Strand. Im maurischen Restaurant wird bei Kerzenlicht französisch diniert.
Buchung über:
Vila Joya Travel GmbH
Postfach 800944
81609 München
Tel. 0 89/6 49 33 37, Fax 6 49 26 36
Restaurant-Reservierung in Portugal:
Tel. 0 89/59 17 95
Luxusklasse (AE, DC, EC, Visa)

Sehenswertes

Fußgängerzone ■ b 2/c 2
Wenn abends der Wind vom Atlantik kühler weht, bekommt man vielleicht Lust auf einen Bummel und entdeckt die schön in **calçada** (traditionelle Muster aus Basaltsteinen) gepflasterte Fußgängerzone mit ihren Cafés und flippigen Boutiquen.

TopTen 10

Stierkampf
Albufeiras Arena befindet sich rechts hinter der Montechoro-Kreuzung. Bei den **touradas**, den portugiesischen Stierkämpfen, werden die Tiere nicht getötet. Eine tourada dauert etwa drei Stunden. Achten Sie bei Tageskämpfen darauf, einen Schattenplatz (**sombra**) zu erhalten. Kämpfe werden meist am Wochenende ausgetragen. Plakate beachten.

Aus der einstigen maurischen Hochburg ist eines der größten Ferienzentren der Algarve geworden. Pittoreske Anblicke kann man in Albufeira noch an der Praia dos Pescadores erleben.

Essen und Trinken

Für Portwein-Liebhaber sei **Cave do Vinho do Porto** in der Rua da Liberdade genannt. Ein schönes, kühles Gemäuer. Manchmal Live-Musik.

Bremen
Deutsches Restaurant mit angeschlossener Pension (Doppelzimmer mit Bad, Mittlere Preisklasse. Im Winter Spezialpreise). Das Haus liegt auf den Klippen links vom Fischerhafen und bietet von der Dachterrasse einen Zauberblick.
Tel. 0 89/51 56 59
Tgl. Frühstück von 9–14 Uhr und Abendessen 18–23 Uhr
Mittlere Preisklasse (Visa)

Castelo do Bispo
Ein Feinschmeckerrestaurant italienischer Prägung, das hausgemachte Spezialitäten vom Feinsten anbietet.
Estrada da Orada
Tel. 0 89/58 67 54 (abends Reservierung empfohlen)
Tgl. mittags und abends
Obere Preisklasse (EC, Visa)

José o Dias ■ b 2
Ein schmales Fischrestaurant mit kleiner Terrasse, unter der das Meer funkelt.
Praça Miguel Bombarda
Tel. 0 89/51 52 46
Mi geschl.
Mittlere Preisklasse

Leme
Spezialitäten wie **sopa da pedra** (Steinsuppe) oder **lulas recheadas** (gefüllte Tintenfische) und bester Service in Páteo.
Abfahrt N 125 Kreuzung Albufeira-Algoz
Tel. 0 89/51 20 43

Lenita ■ b 2
Einfaches Familienrestaurant mit gutem portugiesischem Essen. Das Preis-Leistungs-Verhältnis stimmt. Täglich zwei Tagesgerichte.

Südländisch-charmant ist Albufeira bis heute geblieben – trotz Touristenrummel. Die ausgedehnte Fußgängerzone lädt zum Bummeln ein, und zahlreiche Restaurants und Bars warten auf Kundschaft.

Rua Coelho Latino (nach der Bizarro-Bar)
Untere Preisklasse

Paraiso da Oura
Dieser tropische Garten bietet brasilianisches Churrasco mit Salatbuffet zum Festpreis. Dazu wird Live-Musik in tropischer Atmosphäre geboten. Oben im Park gibt es ein Landhaus-Restaurant mit einem österreichischen Küchenchef.
Areias do Sâo Joâo
Tel. 0 89/51 43 96 ab 16 Uhr
Tgl. 19–24 Uhr
Mittlere bis Obere Preisklasse

A Ruina
Uriges Fischrestaurant mit Tradition.
Hinter der alten Fischhalle
Tel. 0 89/51 20 49
Tgl. mittags und abends
Mittlere bis Obere Preisklasse

Tasca do Viegas ■ c 2
Café, Restaurant in traditionellem Ambiente neben der alten Fischhalle. Köstlich frischer Fisch.
Rua Cais Herculano, 2
Tel. 0 89/51 40 87
Tgl. außer So von 8–2 Uhr

Trés Coróas ■ c 2
Fast so alt wie die **Ruina**. Man sitzt hübsch in einem Patio und lauscht dabei den Fadistas.
Rua do Correio Velho, 8
Tel. 0 89/51 26 40
Mittlere Preisklasse

Einkaufen

Bei **Bobi** bekommt man gute Keramik, Zinn und Vista-Alegre-Porzellan. Links vom Fischereihafen. Stets gleichbleibende Qualität in feiner Keramik nach Mustern aus dem 15. und 16. Jh. sieht man bei **Infante D. Henrique** in der Rua Cândido dos Reis, 30. Zu **Apumanke** geht man die rechte Treppe am Strandtunnel hoch. Boutiquemode, Pareos, Schmuck aus Südamerika und Afrika. Der **Kindermodeladen** nebenan hat pfiffige Sachen aus Naturfasern.

Kunsthandwerker aus aller Welt haben sich in der »Boomtown« Albufeira niedergelassen – Schmuck und andere schöne Dinge verkaufen sich an Leute in Urlaubslaune ganz besonders gut.

Am Abend

El Divino Palácio De La Salsa
In excellenter Dekoration können Sie südamerikanisch tanzen. Für Liebhaber des Latino-Stils.
Praia de Oura
Tel. 0 89/54 23 19

IRS Nachtclub
Der Stierkampfarena gegenüber mit dem zur Zeit besten DJ. Hier feiern »The beautiful people« und Avantgarde-Models. Sehr laut und groß.
Montechoro

Kadok
Supercooler Tanzschuppen mit mehreren Tanzflächen und Bars, einem Tropical Nightclub und einer Champagnerbar unter Palmen. An der alten Straße zwischen Albufeira und Vilamoura.
Tgl. 0.30–6 Uhr (Nachtschwärmerbus)

Liberto´s
Portugals Jet-Set und Sportstars amüsieren sich hier. Bar-Disko mit Pool. Man sitzt und tanzt draußen.
Areias de S. João/Albufeira

Service

Auskunft

Posto de Turismo ■ b 2
Rua 5 de Outobro
Tel. 0 89/58 52 79
Tgl. 9–19 Uhr

Medizinische Versorgung
Dr. Christel Schluender
International Health Centres,
Av. Infante Dom Henrique 7, Areias de São João
Tel. 0 89/58 89 23 (24-Stunden-Bereitschaftsdienst)

Polizei
Rua do Cemitério Velho ■ c 2
Tel. 0 89/51 22 05

Post ■ b 2
Rua 5 de Outobro

Ziele in der Umgebung

Armação de Pêra ■ E 5

Der ehemalige Fischerort, 10 km westlich von Albufeira, ist heute eine kleine Hochhauslandschaft. Dafür gehört sein Strand nach wie vor zu den attraktivsten der Algarve. Der etwa 3 km lange Sandstreifen, der von Klippen unterbrochen und von Dünen begrenzt wird, geht sehr flach ins Wasser und ist deshalb besonders bei Familien mit Kindern beliebt.

Praia da Falésia ■ F 5

Der 12 km östlich von Albufeira liegende Sandstrand erhält durch eine 30 m hoch aufragende rotbraune Felswand, die sich hinter ihm entlangzieht, sein besonderes Gepräge. Wunderbar auch zum Spazierengehen (selbst im Winter), vielleicht bis zur Marina in Vilamoura, wo die großen Yachten aus aller Welt vor Anker liegen.

Malerisch: Die blendendweiße kleine Kapelle Nossa Senhora da Rocha aus dem 16. Jahrhundert thront nahe Armação de Pêra auf einer Felsnase über dem Meer.

Die verkannte Stadt: **Die meisten Algarve-Reisenden denken bei dem Namen Faro einzig und allein an den internationalen Flughafen, der sie mit bunter Kühle empfängt.**

Faro

■ H 6

30 000 Einwohner

Stadtplan → Umschlagrückseite

Doch die Hauptstadt der Algarve mit ihren attraktiven Geschäften hat wesentlich mehr zu bieten, als der erste Blick vermuten läßt.

Faro liegt hinter einem Streifen von Lagunen und Sanddünen, an der Grenze zwischen der westlichen Fels- und der östlichen Sand-Algarveküste. Faro, von dem große Teile beim Erdbeben von 1755 in Trümmer fielen, hat trotzdem noch eine weitgehend intakte Altstadt, die **Cidade Velha**, die man durch einen wunderschönen Bogen betritt. Bürgerhäuser mit »Guillotine-Fenstern«, gepflasterte Calçadastraßen, ein Bischofssitz, eine eindrucksvolle Kathedrale, Kunstgalerien und auf dem Largo D. Afonso III beherbergt das ehemalige Clarissen-Kloster das Archäologische Museum und die Stadtbibliothek.

Neben der Fischkonservenindustrie spielt die Korkverarbeitung eine bedeutende Rolle.

Nossa Senhora do Carmo ist die wohl beeindruckendste Kirche von Faro. Ihre schöne Barockfassade wird an der Portalseite von zwei exakt gleichen Türmen begrenzt. Im Inneren der Kirche sind vier Seitenaltäre und Wände mit reich vergoldetem Schnitzwerk zu bestaunen.

Hotels/andere Unterkünfte

Alnacir a 1
Modernes 53 Zimmer-Hotel dem Zentum nahe.
Estrada da Senhora da Saúde, 14-26
Tel. 0 89/80 36 78, Fax 80 35 48
Mittlere Preisklasse

Eva a 2
Neben dem kleinen Yachthafen.
Av. da República
Tel. 0 89/80 33 54
150 Zimmer
Obere Preisklasse (AE, Visa)

Faro b 2
Dem Yachthafen gegenüber.
Praça D. Francisco Gomes, 2
Tel. 0 89/80 32 76/79
52 Zimmer
Mittlere Preisklasse

Madalena a 2
Nette Pension. Zentral, ruhig.
Rua Conselheiro Bivar, 109
Tel. 0 89/80 58 06/7
28 Zimmer
Mittlere Preisklasse

Sehenswertes

Arco da Vila b 3
Der barocke Torbogen gehört zur mittelalterlichen Festungsanlage. Eingang zur Altstadt.
Rua do Município

Largo da Sé b 3
Die Bischofskathedrale vereint verschiedene Stile. Ursprünglich gotisch von 1251, zeigt sie Renaissance- und Barockelemente. Vor der Kirche liegt der schönste Platz der ganzen Stadt.

TOP TEN 9

Nossa Senhora do Carmo b 1
Die doppeltürmige Barockkirche aus dem 18. Jh. hat im Hof eine Knochenkapelle (Capela dos Ossos). Die Wände sind mit Totenschädeln bedeckt.
Largo do Carmo

São Pedro b 2
Die schlichte dreischiffige Kirche der Fischer von Faro (16. Jh.) hat ein hübsches Renaissanceportal.

Museen und Galerien

Galerias Municipais de Arte b 3
Wer experimentelle Kunst liebt: TREM und ARCO in der Altstadt.
Rua do Trem und Rua do Arco
Di–Fr 9–13 und 14–18 Uhr, Sa und So 10–14 und 15–19 Uhr

Museu Arqueológico e Lapidar Infante D. Henrique b 3
Im ehemaligen Klarissen-Kloster mit seinem Renaissance-Kreuzgang werden heute archäologische Funde (auch aus Milréu/Estói) und sakrale Kunstgegenstände, Gemälde von Rembrandt und Gallé ausgestellt.
Largo D. Afonso III
Di–Sa 9–12 und 14–17 Uhr,
So und Mo geschl.
Eintritt 120 Esc.

Museu Etnográfico b 2
Heimatmuseum mit kleinen Algarvehäusern und typischem Interieur, Stall für den Esel und Arbeitsgeräte. Man bekommt einen Einblick in das Landleben.
Praça Alexandre Herculano
Mo–Fr 9–12 und 14–17.30 Uhr,
Sa und So geschl.
Eintritt 120 Esc.

Museu Marítimo Almirante Ramalho Ortigão a 2
Die »São Gabriel« von Vasco da Gama ist zu bewundern.
Am Yachthafen
Mo–Fr 9.30–12.30 und 14–17.30, Sa 9–13 Uhr, So geschl.
Eintritt frei

Essen und Trinken

O Bruno ■ b 1
Einfach, gut und preiswert.
Rua Alportel, 92
Tel. 089/2 04 04
Untere/Mittlere Preisklasse (EC, Visa)

Camané
Hübsch ausgestattet, guter Service, feines Essen. Auf der Insel von Faro, nach der Brücke links herum. Abends ist Anmeldung nötig.
Tel. 089/81 75 39
Tgl. 12–23 Uhr außer Mo
Obere Preisklasse (AE, DC, EC, Visa)

Cidade Velha ■ b 3
Kleines Restaurant im Jugendstil in der Altstadt, nahe der Kathedrale Sé. Guter Service, gepflegtes Ambiente. Reservierung nötig.
Rua Domingos Guieiro, 19
Tel. 089/2 71 45
Tgl. abends geöffnet außer So
Obere Preisklasse

Ein Spaziergang durch die Gassen und Gäßchen der Cidade Velha ist Pflichtprogramm.

O Gargalo ■ b 2/b 3
Hier, im Herzen Faros, tafeln auch gerne die Politiker der Region.
Largo do Pé da Cruz, 30
Tel. 089/2 73 05
Mittlere Preisklasse (AE, DC, EC, Visa)

Roque
Der Vorteil dieses Restaurants liegt in seiner großen Terrasse an der Lagune auf der Ilha de Faro, die über einen Damm mit dem Auto zu erreichen ist. Spezialisiert auf Fisch.
Praia do Faro
Tel. 089/81 78 68
Tgl. mittags und abends geöffnet außer Mi
Mittlere Preisklasse

Sousa ■ b 2/b 3
Das Eckrestaurant ist typisch für die gepflegte Mittelklasse. Betreten kann man es nur durch die kleine Bar.
Largo Pé da Cruz, 41
Tel. 089/82 67 25
Tgl. mittags und abends geöffnet außer So
Mittlere Preisklasse

Taska
Traditionelle Algarvemenüs wie z. B. ensopada de enguias (eine Art Aal-Stew) oder caril de gambas (Garnelen-Curry) können Sie hier probieren. Es lohnt sich.
Rua do Alportel, 38
Tel. 0 89/8 47 39
Tgl. geöffnet
Mittlere Preisklasse

Einkaufen

In Faros lebendiger Fußgängerzone Rua de Santo António und Nebengassen finden Sie Keramik, Stickereien, Zinn und ein reiches Schuhangebot. Exotisches bei **Privé** und **Abacaxi** am Ende der Straße. Antiquitäten in der Altstadt, rechts der Kathedrale. Bestes regionales Kunsthandwerk, auch feinstes Leinen, in der Altstadt bei **Porta da Moura,** Rua do Repouso.

Auf den ersten Blick märchenhaft, bei genauerem Hinsehen stark renovierungsbedürftig: der Rokokopalast des Fürsten von Estói (→ S. 50).

Am Abend

Seit Faro eine Universität hat, gibt es auch ein Nachtleben, angesiedelt um Rua Conselheiro de Bivar und Rua do Crime: die Studenten-Bars **Académico** und **Universidade,** die Discos **Emporium** und **Kream.** Live-Musik bieten sonntags **Os Arcos** (Travessa dos Arcos) und **Animatografo** (Rua da S. Pedro).

Service

Auskunft

Posto de Turismo b 3
Rua da Misericórdia (links vor dem Arco da Vila). Historisch Interessierte sollten um die blaue Farbbroschüre bitten (deutsch).
8000 Faro
Tel. 0 89/80 36 04 und 80 36 67
Mo-Fr 9–12.30 und 14–17 Uhr

Polizei
Tel. 0 89/80 18 28 und 80 34 45

Post a 1/b 1
Largo do Carmo

Ziele in der Umgebung

Estói

■ H 5

Der kleine Ort liegt 18 km von Faro entfernt. Sehenswert sind die Ruinen des römischen **Milreu**: Reste von Thermen, Tempelmauern, Säulen und Mosaiken (außer Mo von 10–12 und 14–17 Uhr geöffnet). Außerdem sollten Sie sich – von außen – den Palast des Fürsten von Estói ansehen, der gegen Ende des 18. Jh. entstanden ist. Er steht mitten im Ort – etwa 2 km von Milreu entfernt – in einem mittlerweile verwilderten Park (So und Mo geschl.).

Essen und Trinken

Casa de Pasto O Branquinho
Mitten im Ort gelegen.
Rua da Faro 81 (neben der Bank), Estói
Tel. 0 89/9 75 52
Sa geschl.
Untere Preisklasse

O Familiar
Das Lokal am Eingang von Estói ist ein portugiesisches Familienrestaurant mit einfacher, ordentlicher Hausmannskost. Jeden Sonntagabend tanzt dort eine Folkloregruppe.
Coiro da Burra, Estói (hinter der Tankstelle, bei der Abfahrt nach Estói auf der Straße Faro-São Brás de Alportel)
8000 Faro
Tel. 0 89/9 14 40
Untere Preisklasse

Monte do Casal
Das englische Feinschmeckerlokal mit angeschlossenem kleinem Hotel liegt außerhalb.
Cerro do Lobo, Estói (zwischen Estói und Moncarapacho)
8000 Faro
Tel. 0 89/9 15 03, Fax 9 13 41
Mo geschl.
3 DZ und 4 Suiten
Obere Preisklasse (Visa)

Olhão

■ H 6

20 000 Einwohner

Der Ort liegt etwa 10 km östlich von Faro und besitzt eine pittoreske, maurisch anmutende Altstadt aus dem 18. Jh. mit weißen, würfelförmigen Häusern und Dachterrassen, die mit Türmchen und Kaminen geschmückt sind. Sehenswert sind auch die Pfarrkirche (1681–1698) mit Glockenturm und die Markthallen, die in alter Form gerade neu entstanden sind.

Die römische Ruinenstätte Milreu bei Estói birgt guterhaltene farbige Mosaiken mit hübschen maritimen Motiven. Auf dem Gelände befindet sich auch eine christliche Basilika aus dem 4. Jahrhundert, die auf dem Fundament eines römischen Tempels erbaut wurde.

Hotels/andere Unterkünfte

Adolfo da Quinta
In der Nähe von Olhão liegt versteckt in einem großen Garten mit Pools und Ententeich dieses besonders schöne Landhotel. Dinner auch für Nicht-Hausgäste nach Anmeldung. Eigener kleiner Golf-Übungsplatz. Golfschule.
Moncarapacho/Olhão (genau 2 km hinter Moncarapacho in Richtung Sta. Catarina rechts ab)
Deutsche Leitung
Tel. 0 89/79 25 19
Obere Preisklasse (AE, DC, EC, Visa)
Pauschalbuchung in Deutschland:
Tel. 0 28 52/14 42, Fax 55 29

São Brás de Alportel

H 5

Das Landstädtchen liegt 17 km von Faro entfernt, eingebettet in sanfte Orangen- und Mandelhaine. In ca. 5 km Richtung Loulé residiert direkt an der Straße **Ze Dias**, groß, preiswert und gut. An Sommerwochenenden spielt abends die Musik zum Tanz auf. Treffpunkt für junge Leute ist die Snackbar **Arcadas**, Rua Dr. Silva Nobre. Guten Kuchen gibt es im Café am Hauptplatz. Gut 3 km in Richtung Tavira offeriert das **Lagar de Mesquita** jeden Samstagabend ein Musikprogramm von Klassik bis Jazz. Inklusive Buffet.
3000 Esc. Reservierung nötig (Tel. 0 89/2 12 29 oder 82 49 99, 84 18 88).

Hotels/andere Unterkünfte

Pousada de São Brás de Alportel
Staatlich geführtes Hotel, höher gelegen mit herrlichem Rundumblick.
8150 São Brás de Alportel
Tel. 0 89/84 23 05
Obere Preisklasse (AE, EC, Visa)

Residencial Santo António
Größere Räume mit Bad, die im Winter auch geheizt werden.
An der N2 nach Lissabon
8150 São Brás de Alportel
Tel. 0 89/84 12 75
Mittlere Preisklasse

Residencial São Brás
Etwas laute, große, altmodische und freundlich geführte Pension an der Durchgangsstraße.
Rua Luís Bivar, 27
8150 São Brás de Alportel
Tel. 0 89/84 22 13
Untere Preisklasse (AE, DC, EC, Visa)

Essen und Trinken

Lena
Kleines Dorfrestaurant, in dem man auch draußen essen kann. Lena kocht selbst, portugiesisch solide und gut. Man parkt auf dem Hof.
Gralheira/S. Bràs de Alportel.
Direkt an der Straße nach Loulé, rechts
Tel. 0 89/84 24 94
Mittags und abends geöffnet, So geschl.
Untere Preisklasse

Luís dos Frangos
Scharfgewürzte Hühner vom Holzkohlengrill.
Estrada de Tavira
8150 São Brás de Alportel
Tel. 0 89/84 26 35
Tgl. außer Mo 12–22 Uhr
Untere Preisklasse

O Savoy
Gutbürgerliche Küche.
Rua Luís Bivar, 40
8150 São Brás de Alportel
Tel. 0 89/84 23 46
Mo–Sa 12–14.30 und 18–22.30 Uhr, So 18–22.30 Uhr
Mittlere Preisklasse (AE, Visa)

Sprungbrett der Entdeckungen:

Wer sich für Geschichte interessiert und den Spuren Heinrichs des Seefahrers nachgehen will, der sollte in Lagos beginnen.

Lagos

C5

12 000 Einwohner
Stadtplan → S. 53

Hier steht seine Statue vor der Festung, die das große Erdbeben im 18. Jahrhundert überstanden hat. Der historische Ort mit seiner gemütlichen Kleinstadtatmosphäre krönt die Hügel an der Mündung des Rio Alvor. Der neue Yachthafen macht Vilamoura Konkurrenz. Lagos ist eine junge Stadt, und viele Deutsche machen hier Ferien. Die Strände – in Felsenbuchten oder kilometerweit und mit Dünen – locken Schnorchler und Taucher an. In der Nähe von Heinrichs Standbild stößt man auf eine vergitterte Hausecke: Hier wurden 1443 zum ersten Mal afrikanische Sklaven an christliche Herren verkauft. Aus dieser Zeit hat sich die Mär gehalten, daß es im Hafenbecken von Lagos in Vollmondnächten stöhne und ächze und zahllose »Seelenverkäufer« mit ihrem Rumpf aus dem Schlamm ragen. Heinrichs Karavellen stachen von Lagos aus in See, und große Seeschlachten wurden vor den Stadttoren ausgetragen. Der Seefahrerprinz wohnte im nahe gelegenen Raposeira; Trost und Kraft holte er sich in der romanisch-gotischen Kapelle **Nossa Senhora da Guadelupe** (13. Jahrhundert), etwa 16 Kilometer von Lagos bei Raposeira.

Bronzenes Denkmal eines klugen Kopfes: Für den passionierten Forscher Heinrich der Seefahrer war Lagos das Sprungbrett der großen Entdeckungen – die Stadt verdankt ihm ihre Glanzzeit.

Hotels/andere Unterkünfte

Albergaria Casa de São Gonçalo b 2
Sehr gepflegtes Hotel in einem historischen Bauwerk.
Rua Cândido dos Reis, 81
Tel. 0 82/76 21 71, Fax 76 39 27
Obere Preisklasse (AE, DC, EC, Visa)

Albergaria Cidade Velha b 2
Zentral gelegen, guter Service.
Rua Dr. Joaquim Tello, 7
Tel. 0 82/76 20 41
Obere Preisklasse

Cristovão
Mittelklassehotel am Ortsrand.
Av. dos Descombrimentos
Tel. 0 82/76 30 51, Fax 76 30 54
Mittlere Preisklasse (EC, Visa)

Golfinho
Das Hotel liegt direkt am Strand, schöner Blick aufs Meer und über Lagos. Gute Zimmer. Nachtclub, Disko und Pool. Nicht gerade ruhig!
Praia d'Ana
Tel. und Fax 0 82/76 21 67
Obere Preisklasse (EC, Visa)

Meia Praia
Liegt östlich von Lagos direkt am langen Sandstrand. Gute Zimmer, Tennis, Pool und Golfplatz Palmares befinden sich in der Nähe.
Meia Praia
Tel. 0 82/76 20 01
Obere Preisklasse (AE, DC, EC, Visa)

SINS

Pensão Residencial Sol e Mar
Ruhig, direkt am Strand.
Praia d'Ana
Tel. 082/76 20 26, Fax 76 02 47
Obere Preisklasse (Visa)

Riomar ■ b 2
Mittlerer Standard, ruhig.
Rua Cândido dos Reis
Tel. 082/76 70 91
Mittlere Preisklasse

Jugendherberge ■ b 3
Pousada da Juventude
62 Betten, modern.
Rua Lançarote de Freitas, 50
Tel. 082/76 19 70

Sehenswertes

Igreja da Misericórdia ■ c 3
Die Renaissancekirche ist innen mit vergoldeten Barockschnitzereien aus dem 18. Jh. ausgestattet.
Rua do Castelo dos Governadores/Praça da República

Igreja de Santo António ■ b 3
Hinter der unauffälligen Fassade dieser Kirche aus dem 18. Jh. verbergen sich unglaubliche Schätze: eine üppig geschmückte, gänzlich vergoldete spätbarocke Altarwand, farbenprächtige Gemälde und Azulejos aus dem 18. Jh.
Rua General Alberto Silveira

Igreja de São Sebastião ■ a 1
Die dreischiffige Kirche hat ein sehenswertes Renaissanceportal aus dem Jahre 1530 vorzuweisen.

Gemütliche Kleinstadt mit großer Vergangenheit: In den Altstadtgassen von Lagos sind zwar nur eine Handvoll historischer Gebäude zu bewundern, dennoch zieht das Flair der 2500 Jahre alten Seefahrerstadt viele Besucher an.

Die Kacheln im Innenraum stammen aus dem 17. und 18. Jh. Knochenkapelle im Kirchhof.
Rua Conselheiro Joaquim Machado

Ponta da Piedade
Der südlichste Punkt der Bucht von Lagos wird von dieser imposanten Felsformation geprägt, die 20 m hoch aus dem Meer aufragt. Die Grotten und bizarren Felsgebilde kann man besonders gut vom Boot aus betrachten, das nun vom neuen Hafen aus in See sticht.

Stadtmauer
Die Befestigungsmauern, teils noch von den Römern, teils von den Mauren errichtet, stammen hauptsächlich aus dem 15. Jh. Neben dem ehemaligen Gouverneurspalast **Paço do Governo** achte man auf das manuelische Fenster. Von hier aus soll König Sebastião vor der Einschiffung nach Afrika zu seinen Soldaten gesprochen haben.
Praça da República

Museum

Regionalmuseum (Museu Regional) ■ b 3
TopTen 6
Es befindet sich neben der Kirche Santo António. In der archäologischen Abteilung werden vorrömische Gebrauchsgegenstände ausgestellt. Daneben ein Heimatmuseum und eine besondere Abteilung für monströse Dinge.
Rua General Alberto Silveira
Tgl. außer Mo 9.30–12.30 und 14–17 Uhr
Eintritt ab 320 Esc.

Essen und Trinken

Adega da Marina b 1
Dem neuen Hafen gegenüber; vorwiegend Fisch.
Avenida dos Descobrimentos, 35
Tel. 0 82/76 42 84
Tgl. geöffnet
Untere Preisklasse

Bar Vitaminas b 2
Heather und Alan aus Irland kurieren mit ihren frischgepreßten Säften selbst schlimmen Hangover. Ihr Frühstück ist berühmt.
Rua 25 de Abril, 10
Untere Preisklasse

No Patio b 3
In einem Haus mit Flair bieten Bjarne und Gitte gepflegtes Essen internationaler und dänischer Küche.
Rua Lançarote de Freitas, 46
Tel. 082/76 37 77
So und Mo geschl.
Mittlere Preisklasse (AE, EC, Visa)

Vai e volta a 2
Geh und komm wieder – so heißt die urige Tasca, hervorragend für großen Hunger zum kleinen Preis.
Rua Infante do Sagres
Tel. 76 88 06
Untere Preisklasse

Einkaufen

Antiquitätenladen b 2
In der Hauptgeschäftsstraße mit lautem Papagei im Eingang.
Rua de 25 de Abril

Bangla b 3
Eine Fundgrube für Lebenskünstler. Solide Hängematten und Moskitonetze in allen Formen. Als Mitbringsel eignen sich indische Wurfspiele oder japanische Glücksfische.
Rua da Silva Lopes, 25

Léoa
Phantasievolle Kleidung.
Rua Vasco da Gama, 43
Geöffnet: 10–22 Uhr.

Mogador a 1
Afrikanischer Laden mit Berberschmuck und Taschen.
Rua Gil Eanes

Am Abend

Das Nachtleben ist in Lagos ebenso abwechslungsreich wie in Albufeira, allerdings billiger.

Adega-Bar Mullins b 2
Hier trifft sich, wer Jazz oder Reggae mag. Bis 23 Uhr wird Essen serviert.
Rua Cândido dos Reis

Beim Spaziergang durch Lagos stößt man immer wieder auf die wuchtigen Mauern der Stadtbefestigung, die römischen und arabischen Ursprungs sind. Einen besonders schönen Blick genießt man vom Hafen aus.

Amuras Bar
Dies ist Ihr Logenplatz, um den schönsten Blick auf Lagos und seinen neuen Hafen zu werfen. Sie hören gute Musik und bekommen alles, was Sie gern trinken.
Marina de Lagos
Tel. 0 82/79 20 95
Tgl. von 10–2 Uhr

Keyhole Club
Diskothek mit hervorragender Musikanlage. An der Flußesplanade bei der Shell-Tankstelle.

Mouralha
Hier offenbart sich die portugiesische Seele im Fado – eine spezielle Erfahrung, weil man hier seinem Kummer und seiner Sehnsucht öffentlich Ausdruck gibt.
Mouralhas da Cidade, an der Stadtmauer, direkt hinter dem zweiten Stadttor

Navegador Bar
Die Musik kommt aus der Konserve, Oldtime-Jazz. Dart-Wettbewerbe. Der Inhaber stammt aus Holland.
Rua Vasco da Gama

Vasco da Gama Bar ■ b 3
Für junge Leute. Laut und rockig.
Rua Henrique Correia da Silva

Service

Auskunft

Posto de Turismo ■ b 2
Largo Marqués de Pombal
8600 Lagos
Tel. 0 82/76 30 31
Tgl. 9–19 Uhr

Bootsverleih ■ c 3
Beim Fort kann man Fischerboote für einen Ausflug zu den Grotten von Lagos mieten.

Golfplatz
Golfe de Palmares
(→ Sport und Strände, S. 30)

Polizei ■ b 3
Rua General Alberto Silveira
Tel. 0 82/76 28 09

Post ■ b 1
Rua Portas de Portugal

Tauchen
Verleih von Ausrüstungen, Wrack- und Nachttauchen.
Füllstation:
SEA SPORT CENTER
Detlef Seeger
Av. dos Pescadores, Loja 4
8600 Lagos
Tel. 0 82/78 95 38

Volkskunst und Kurioses in friedlicher Eintracht: Das Museu Regional zeigt nicht nur archäologische und sakrale Exponate aus Lagos und anderen Orten der Westküste, sondern auch abenteuerliche Abnormitäten.

Ziele in der Umgebung

Barragem da Bravura

C 4

Von Lagos fährt man auf der Straße nach Lissabon etwa 5 km und biegt dann in Richtung Colina Verdes ab; weiterfahren bis zum Stausee Barragem de Bravura, an den sich die Serra da Espinhaço do Cão anschließt – toll für ein Picknick.

Boca do Rio

B 5

15 km westlich von Lagos liegt dieser schöne, noch nicht überlaufene Strand mit den Ruinen einer alten römischen Fischfabrik. Ganz in der Nähe, beim **Salema-Strand**, gibt es einen interessanten Golfplatz.

Mata da Barão

B 4

Der Wald lädt zum Spazierengehen ein. Man fährt von der Hauptstraße ab bis Barão de São João. Am Dorfeingang, bei der Wasserfontäne, geht's nach links. Ausgeschildert ist das hübsche Restaurant **Florestal** mitten im Wald, das eine sehr gute Küche bietet (Barão de São João, Tel. 0 82/6 72 04, tgl. außer Di 12–14.30 und 19–22 Uhr, Mittlere Preisklasse).

Raposeira

A 5

Heinrich der Seefahrer soll hier, etwa 1 km östlich von Vila do Bispo, in einem Bauernhaus gelebt haben. Die **Casa do Infante** wird von den Dorfbewohnern gern gezeigt.

2 km östlich des kleinen Ortes trifft man auf eine der ältesten Kirchen der Algarve, **Nossa Senhora da Guadelupe** aus dem 13. Jh. Beachtenswert sind die Säulen mit den verzierten Kapitellen.

Sagres

A 6

Hier ist Europa zu Ende. Wenn man auf dem Plateau der Seefahrerschule Prinz Heinrichs sitzt, rollt in riesigen Wellen der zinnfarbene Atlantik heran. Windgebeutelt und durch hohe zerklüftete Felsen geschützt, ragt das **Cabo de São Vicente**, der südwestlichste Zipfel des Landes, in die Unendlichkeit.

TOP 1

Aber mit einer rauhen, einmaligen Umgebung. Für Portugiesen ein Nationalheiligtum, die Götter versammelten sich in alter Zeit hier auf dem Promontorium Sacrum, um zu nächtigen. Heinrich der Seefahrer baute auf der kleinen Halbinsel seine Seefahrerschule, in der die Kapitäne seiner Karavellen lernten,

Geschichtsträchtig: Auf dem mächtigen Felsplateau der Ponta de Sagres errichtete Heinrich der Seefahrer die Festung Fortaleza do Infante. Gleich daneben erhebt sich die Kapelle Nossa Senhora da Graca.

die Lage ihrer Schiffe nach Sonne und Mond zu bestimmen, die chinesische Wissenschaft der Astrologie nutzbringend anzuwenden.

Spaß macht es vielleicht, auf den alten Leuchtturm des **Cabo de São Vicente** zu steigen, um einen Blick in die blankgeputzten Prismen zu werfen. Gewöhnlich erlaubt der Wärter es. Hinterher freut er sich über ein Trinkgeld. Europas lichtstärkster Leuchtturm ist fast 150 Jahre im Dienst. Sein Petroleumleuchtsystem wird für den Notfall startklar gehalten. 3000 Watt hat die elektrische Lichtquelle und einen Radius von fast 100 km. Gourmets kommen in Sagres auf ihre Kosten. Besonders empfehlenswert: **A Tasca** am Hafen. Nirgendwo an der Algarve gibt es so viele Meeresfrüchte und Schalentiere, so ungewöhnliche Fische auf der Speisekarte wie hier. Sagres besitzt das fischreichste Gebiet der Algarve. Haie, Schwertfische, riesige Seeaale und fast monströse Barsche liegen neben Krebsen und Sardinen in der **lota**, der täglichen Fischversteigerung.

Gut, aber recht teuer übernachtet man in der majestätisch auf einem Kliff gelegenen **Pousada do Infante**. Angeschlossen an die Pousada ist das malerische **Fortaleza de Beliche**, nahe dem Leuchtturm. Wer Glück hat, ergattert eines der drei Doppelzimmer. Das Restaurant ist leider nicht mehr lobenswert.

Hotels/andere Unterkünfte

Fortaleza de Beliche
An der Straße links zwischen Sagres und Leuchtturm.
Tel. 0 82/6 41 24
Geschlossen im Nov., Dez. und Jan.
Obere Preisklasse

Pousada do Infante
Ponta de Atalaia/Sagres.
Tel. 0 82/6 42 22/3
Gehobene Preisklasse bis Luxusklasse je nach Saison

Essen und Trinken

A Tasca
Am Hafen von Sagres
Tel. 0 82/6 41 77
Tgl. außer Sa 12–15 und 19–21 Uhr
(In der Saison kein Ruhetag)
Mittlere Preisklasse (AE, EC, Visa)

Wo Europa ins Meer fällt: Am Cabo de São Vicente endet das Land, und das unendliche Meer beginnt... Hier steht man, windumtost, 60 Meter hoch über dem Wasser – und der Blick ist einfach umwerfend.

Das Bauernstädtchen liegt in einer hügeligen Gartenlandschaft, zwölf Kilometer von der Küste und 16 Kilometer von der Bezirkshauptstadt Faro entfernt.

Loulé

■ G 5

9000 Einwohner

Die alten Häuser in den schattigen Alleen wurden durch moderne Bauten ergänzt, aber der Eindruck eines intakten Ortes bleibt. Und nicht nur am Wochenende, wenn großer Markttag ist, der auch in den Gassen stattfindet, hat man das Gefühl einer quirligen Munterkeit. Loulés Wochenmarkt ist in einer pittoresken **Markthalle** mit arabischen Fensterbögen untergebracht, gleich neben dem klassischen Rathaus. Jeden Morgen, bis auf Sonntag, werden hier die Früchte des Feldes, Kaninchen und Hühner, Blumen, Tonwaren, Fische und wilde Kräuter, saftigrote Granatäpfel und reichlich süße Kuchen feilgeboten. Man prüft und schnuppert, tauscht Rezepte aus und lauscht dem Akkordeonspieler, der auch zum Ankurbeln der Fröhlichkeit gelegentlich eine kesse Sohle auf's Pflaster legt.

Die im Konvoi anrollenden Touristenbusse sind nicht nur eine Freude für den Ort. Sie verstopfen die Straßen und lassen die Preise steigen. Vor 10 Uhr morgens kauft man billiger.

Nur zwölf Kilometer von der Küste entfernt und doch eine ganz andere Welt: Die Handwerkerstadt Loulé ist einer der ältesten Orte der Algarve.

In Loulé hat auch das Handwerk noch goldenen Boden. In der Rua da Barbaça arbeiten die Kupfer- und Messingschmiede, und Sattler stellen in ihren Werkstätten derbe Taschen, Ledergürtel und buntverziertes Pferdegeschirr aus.

Vier Tage vor Aschermittwoch wird in Loulé tüchtig Karneval gefeiert, zusammen mit dem weit über Loulés Grenzen hinaus bekannten **Mandelblütenfest** (→ Feste und Festspiele, S. 37). Zwei Wochen nach Ostern eilen Büßer und Ministranten im Laufschritt zur hochgelegenen Kapelle vor den Toren der Stadt, um »Nossa Senhora da Piedade«, die Schutzheilige des Ortes, mit Prozessionen und einem anschließenden fröhlichen Ball zu ehren; **Mãe Soberana** heißt das Fest.

Der Kuppelbau neben der **Wallfahrtskirche** ist endlich fertig und ruft eine etwas zweifelhafte, aber hübsche Geschichte in Erinnerung. Ein Bürger des Kreisstädtchens hatte eine Statue gestohlen, so erzählt man, die er nach Amerika mitnahm, denn er wanderte aus, um in der Fremde sein Glück zu suchen. Im Land der unbegrenzten Möglichkeiten verscherbelte er die Heilige, und obgleich das Geld nach landläufiger Meinung an seinen Fingern hätte kleben bleiben sollen, begründete es seinen Wohlstand in der Neuen Welt. Beschämt erschien der Mann nach vielen Jahren in seinem Heimatort und beichtete mit einem Scheck in der Hand sein Vergehen. Er bat darum, mit seinem Geld eine neue Kirche zu bauen. Der Betrag langte nicht ganz, fast zwei Jahrzehnte stand der Kuppelbau unvollendet auf dem Berg und sah aus wie eine etwas simple Sternwarte.

Samstags ist Markttag in Loulé, und die Stände in den Straßen rund um die Markthallen der Stadt quellen über von Gemüse und Würsten, Kunsthandwerk und Trödel.

Hotels/andere Unterkünfte

Avenida
Die Pension ist dem Restaurant »Avenida Velha« angeschlossen.
12 Zimmer, sechs mit Bad.
Av. José da Costa Mealha, 40
Tel. 0 89/41 64 74
Untere Preisklasse (AE, DC, EC, Visa)

Loulé Jardim Hotel
Ein renoviertes altes Stadthaus.
56 Zimmer mit Bädern.
Praça Manuel Arriaga
Tel. 0 89/41 30 94/95, Fax 46 31 77
Mittlere Preisklasse (AE, DC, EC, Visa)

Residençial Dom Payo
Zentral gelegen und modern.
26 Zimmer mit Bädern.
Rua Antero Quent
Tel. 0 89/41 44 22
Mittlere Preisklasse

Sehenswertes

Castelo
Von der maurischen Burg sind nur noch Reste vorhanden. Hier sind das Tourismusbüro und das Heimatarchiv untergebracht.

Convento da Graça
Das Kloster wurde während des großen Erdbebens fast vollständig zerstört, nur das gotische Portal blieb erhalten. Der Neubau beherbergt jetzt eine Privatuniversität und eine Kunstgalerie.
Largo Tenente Cabeçadas

Igreja Matriz
Pfarrkirche aus dem 13. Jh. Beachten Sie auch die **Capela das Almas**, die Seelenkapelle.
Largo Cabrita de Silva

Ermida de Nossa Senhora da Conceição
Diese kleine unscheinbare Kapelle ist ausgefüllt mit wunderschönen, unbezahlbaren Azulejos aus dem 17. und 18. Jahrhundert. Sie ist zwischen dem Haus Nr. 22 und dem Geschäft A Muralha auf dem Weg zum Castelo eingeklemmt.
Rua D. Paio Peres Correia

Muralhas do Castelo de Loulé
Zwischen den Häusern guckt die alte, original arabische Mauer der ehemaligen Burg immer wieder hervor.

Essen und Trinken

O Avenida
Gehört zu den besseren Restaurants; für den schnellen Imbiß gibt es nebenan eine Snackbar gleichen Namens.
Av. José da Costa Mealha, 7–13
Tel. 0 89/6 21 06
Obere und Untere Preisklasse (AE, EC, Visa)

Avenida Velha
Familiäres Restaurant im ersten Stock über der Shell-Tankstelle. Viele »Extras« vom Chef.
Av. José da Costa Mealha, 40
Tel. 0 89/41 67 35
Mittlere Preisklasse (AE, EC, Visa)

Casa Paixanito
Spezialität sind unendlich viele leckere Tapas. Mehr braucht man nicht zu bestellen. (Man spricht deutsch.) Für abends bitte reservieren.
Olho de Água/Loulé
Tel. 0 89/41 27 75
So geschl.
Mittlere/Obere Preisklasse

Crepe e Sidra
→ MERIAN-Tip, S. 21

Dragão Dourado
Gutes chinesisches Essen in kleiner Gasse. Folgen Sie den Schildern am Parkplatz im Zentrum.
Rua do Poço, 9
Tel. 089/43 22 08
Mo geschl.
Untere Preisklasse (AE, EC)

De Querença
Am höchsten Punkt, gleich neben der Kirche des kleinen Dorfes Querença, das in Richtung Salir liegt, ißt man typisch und gut im ersten Stock mit Logenblick. Während der Saison Tischreservierung empfohlen.
Querença
Tel. 0 89/42 25 40
Untere Preisklasse

Quinta do Olival
Traditionelles Restaurant mit kleinem Tierpark, ca. 7 km von Loulé im Inland. Spezialität: **javali**, Wildschweinbraten. Man kann im Freien tafeln.
Querença
Tel. 0 89/42 29 69
Mo geschl.
Mittlere Preisklasse (Visa)

Os Tibetanos
Stilecht eingerichtetes tibetanisches **vegetarisches Restaurant** mit leckerer Küche. Zu finden in der zweiten Gasse rechts vom Markt.
Rua Almeida Garrett, 6
Tel. 0 89/46 20 67
So geschl.
Untere Preisklasse

Einkaufen

O Arco
Keramikwerkstatt und Laden. Große Auswahl buntbemalter Teller, Krüge, Becher. Auch auf Bestellung mit Namen oder speziellen Motiven.
Rua das Almadas, 4 (schmale Gasse zwischen Fußgängerstraße und Largo Afonso III)

Kupfer
Werkstatt und Geschäft. Nützliches und Schönes aus Messing und Kupfer.
Rua da Barbaça

Service

Auskunft

Posto de Turismo
Edifício do Castelo
Tel. 0 89/46 39 00
Tgl. 9–19 Uhr

Clínica do Carmo
Hier wird auch Englisch gesprochen.
Av. José da Costa Mealha, 99
Tel. 0 89/46 25 08

Polizei
Petro Nun, 13
Tel. 0 89/46 27 82

Reiten
Wer fast unbewohnte Hügel und sanfte Täler auf dem Pferderücken ergründen möchte, melde sich in Tôr. Die Landschaft, die es zu entdecken gibt, ist so anders als die Küstenregion, daß sich ein Besuch lohnt. In der Nähe liegen die Stalaktiten-Höhlen von Benémola, Salustreia und Igrejinha dos Mouros. Die Quelle von Benémola ist ein beliebter Picknickplatz (etwa 15 km hinter Loulé in Richtung Salir).
Reitstall: **Quinta do Azinheiro**
Tomás Fernandes
Aldeia de Tôr
8100 Loulé
Tel. 0 89/4159 91

Ziele in der Umgebung

Almansil ■ G 5

Almansil ist der »Rangierbahnhof« für Strände, Luxuswohnanlagen, gute Einrichtungsläden, Antiquitäten, Restaurants, Nightclubs, Sportmöglichkeiten, Banken und Immobiliengeschäfte. Von hier aus findet jeder das, was er sich als ideal vorstellt. Der Ort selbst ist völlig uncharmant, aber effektiv. Man nutzt ihn als Ausgangspunkt zu den teuersten Ferienressorts und dem bestsortierten Supermercado, **Apolónia**.

2 km in Richtung Faro lohnt es sich, die Kirche **São Lourenço dos Matos** zu besuchen (Eintritt 200 Esc.). Diese Barock-Kirche ist völlig mit blau-weißen Azulejos ausgekleidet, die 1730 von einem der größten Künstler dekorativer Kunst, José Policarpo de Oliveira Bernades, gemalt worden sind.

TOPTEN 8

Vor der Kirche liegt das 1981 von dem deutsch-französischen Ehepaar Huber gegründete **Centro Cultural São Lourenço**. Es ist nicht nur eine Galerie, die durch avantgardistische Ausstellungen für immer neuen Diskussionsstoff sorgt, sondern ein wirkliches Kulturzentrum, Anlaufstelle für alle, die an Malerei, Musik, Dichtung, Bildhauerei und Gesprächen interessiert sind. Und so trifft sich bei den zehn Vernissagen pro Jahr ein internationales Publikum. Ausgestellt werden zur Hälfte portugiesische Künstler (Manuel Baptista, João Cutileiro, José De Guimarâes), der Rest kommt aus aller Welt (u.a. Günter Grass und E. R. Penck). Kammerkonzerte, Liederabende, Solokonzerte, aber auch Jazz und Fado stehen auf dem Programm. Im Centro Cultural werden Denkanstöße gegeben, Schallplatten erträumt und teilweise finanziert; außerdem gibt's dort immer einen guten Tropfen und eine Menge Herzlichkeit. So wurde es zur »Stätte der Begegnung« für Einheimische

Schlicht atemberaubend: São Lourenço dos Matos ist ein Juwel der portugiesischen Kirchenkunst – seine wundervoll bemalten blau-weißen Azulejos und die besondere Kuppel sind mehr als einen Blick wert ...

und die vielen Ausländer, die hier leben.

Einige guteingeführte Restaurants sind in dieser Gegend beständig, andere werden kein Jahr alt. Die Fluktuation ist groß.

Almansils Umgebung gilt als Mekka der Feinschmecker, die gern mehr für ein Essen bezahlen (Restaurantadressen und -öffnungszeiten → S. 66). Das **Aux Bons Enfants** aus Loulé ist nun auf dem Weg nach Quinta do Lago zu finden. Etwas versteckt liegt in Almansil das **Bistro des Z'Arts**, ein amerikanisches Restaurant, das von September bis März zum Essen Theater serviert, sonntags ab 11.30 Uhr einen original amerikanischen Brunch und am Abend das zarteste Lamm der Region – zu günstigen Preisen. Die **Casa de Torre-Ermitage** ist bekannt für ihre gute Küche und ihr internationales Publikum. Im **O Cantinho de Italia** essen Sie original italienisch – auch vegetarisch und preiswert. Im Sommer sitzt man draußen.

Die **Casa Velha** in Quinta do Lago hatte ihren legendären Ruf eingebüßt und gewinnt ihren Glanz unter dem neuen französischen Küchenchef, Yannick Guichaoua, zurück. Links nach dem Bahnübergang von Almansil nach Loulé liegt **Chez Adelino.** Köstliches Essen in entspannter Atmosphäre zu zivilen Preisen. **India** heißt ein gutes indisches Restaurant an der Straße von Almasnil nach Quarteira. Hier kann man auch sein Essen abholen.

Pequeno Mundo, die kleine Welt, heißt das charmante Restaurant mit internationaler und sehr persönlicher Küche. Haben Sie schon mal Huhn mit Vanille probiert oder den gegrillten Ziegenkäse mit Äpfeln und Honig? Lecker! Gute Weine und hervorragender Service.

Das **O Traditional** befindet sich in einem alten Landhaus kurz vor der Abbiegung nach Vale do Lobo. Klasse-Küche und Service. Im Winter mit offenem Kamin. João Passos, dem Jet-set bestens bekannt vom Ancão-Strand, eröffnete das **Tuscano's** am See von Quinta do Lago. Südseeflair und frische Fische.

In der Urbanisation **Vale do Garrão** hat sich ein Club-Hotel etabliert. Zu mieten sind Studios, Apartments und Häuser.

Wer an Reitunterricht interessiert ist, dem stehen um Beispiel der Stall des **Pinetrees Reitcenter** an der Straße zwischen Quinta do Lago und Vale do Lobo und die **Quinta dos Amigos** in Almansil zur Verfügung.

... denn die Fliesenbilder erzählen detailreich die Geschichte des heiligen Märtyrers Lourenço, der im 3. Jahrhundert starb. Der Innenraum des Gotteshauses, das zu Recht als eines der schönsten des Landes gilt, wurde 1730 gestaltet.

Hotel

Club-Hotel Vale do Garrão
Apartado 55, Almansil
Tel. 0 89/39 45 93, Fax 39 42 82
Obere Preisklasse (AE, DC, EC, Visa)

Essen und Trinken

Bistro des Z'Arts
Parallel zur Hauptstraße in Almansil verläuft die Rua do Calvário. Dort finden Sie ein äußerst gemütliches Bistro amerikanischer Prägung, das jeden Sonntag ab 11.30 Uhr einen großen, gesunden und preiswerten Brunch offeriert.
Tel. 0 89/39 51 14
Tgl. außer Mo 19, Bar ab 16, So 11.30 Uhr
Mittlere Preisklasse

Aux Bons Enfants
Straße nach Almansil–Quinta do Lago
Rua Sacadura Cabral
Tel. 0 89/39 68 40
Tgl. außer Do 19.30–22.30 Uhr
Obere Preisklasse

O Cantinho de Italia
Centro Comercial Doza,
Rua 5 de Autobro
Tel. 0 89/39 56 79
Mo–Fr 12–15 und 19–23 Uhr
Sa nur abends, So geschl.
Mittlere Preisklasse

Casa de Torre-Ermitage
Estrada de Vale do Lobo, Almansil
Tel. 0 89/39 43 29
Reservierung empfohlen
Tgl. abends außer Mi
Luxusklasse (AE, DC, EC, Visa)

Casa Velha
Quinta do Lago/Almansil
Tel. 0 89/39 49 83
Abends geöffnet, außer So
Luxusklasse (AE, EC, Visa)

Chez Adelino
Nach dem Bahnübergang, Straße Almansil–Loulé
So geschl.
Tel. 089/39 33 01
Mittlere Preisklasse (AE, EC, Visa)

India
An der Straße nach Quarteira
Tel. 0 89/39 57 56
Obere Preisklasse (EC, Visa)

Pequeno Mundo
Pereiras-Almansil
Tel. 0 89/39 98 66
Di–So 12.30–14.30 und 19–22 Uhr
Obere Preisklasse

O Traditional
Almansil-Vale do Lobo
Tel. 0 89/39 90 93, So geschl.
Reservierung empfohlen
Obere Preisklasse (AE, EC, Visa)

Tuscano's
Quinta do Lago/Almansil
Encosta do Lago
Av. Ayrton Senna da Silva
Tel. 0 89/39 88 65
Tgl. außer Do 19–23 Uhr
Obere Preisklasse

Sport

Pinetrees Reitcenter
Wenden Sie sich an Beverley Gibbons.
Estrada do Anção
Tel. 089/39 43 69

Quinta dos Amigos
Almansil, Straße nach Quarteira
Tel. 0 89/39 46 36

Service

Centro Cultural São Lourenço
São Lourenço
Tel. 0 89/39 54 75

Alte ■ F 4

Das malerische Bergdörfchen liegt 27 km von Loulé entfernt in der Serra do Calderão.

Hotel

Alte Hotel
Schöner Ausblick. Pool, Tennis.
Tel. 0 89/6 85 23/24, Fax 6 86 46
Mittlere Preisklasse (AE, DC, EC, Visa)

Mosteiro de Mú ■ G 3

Von Salir rund 3 km in Richtung Benafim, rechts abbiegen nach Malhão. Etwa 11 km immer höher hinauf. Auf der Bergkuppe wehen bunte Gebetsfahnen. Vom tibetanischen Retreatzentrum Humkaradzong ist der Blick atemberaubend. Wer dort meditieren möchte, melde sich an unter Tel. 0 89/41 47 28.

Quarteira ■ G 5

Vom Fischerdorf keine Spur mehr. Hotelneubauten, reiche Auswahl an Restaurants und ein herrlicher Kinderstrand. Chinesisch ißt man im **Chinatown**, Rua Vasco da Gama.

Einen kleinen Abstecher können Sie ins **Museu Arqueológico e Lapidar Infante D. Henrique** nach Vilamoura machen. Römische Mosaiken und Keramiken sind zu bewundern.
Tgl. von 10–12 und 14–20 Uhr
Ruínas Romanas – Vilamoura

Salir ■ G 4

15 km nördlich von Loulé liegt in den Bergen das schmucke Dorf. Die Straße windet sich durch grüne Hügel, an weiten Tälern mit wenig Bebauung vorbei. D. Afonso III eroberte die Festung von Salir, die die Araber gebaut hatten. Doch das ist lange her. Das Castelo ist zerfallen, hinter der **Mouro Bar Castelo** spaziert man an den wenigen Resten vorbei und genießt – genau wie vom Kirchplatz – das friedliche Panorama, den Rundblick in die Serra do Caldeirão.

Santa Bárbara de Nexe ■ G 5/H 5

Viele Ausländer leben in Santa Bárbara de Nexe, einem Dorf ohne Gesicht, aber mit dem Vorteil, günstig zum Flugplatz, Stränden, Golfplätzen und guten Einkaufsmöglichkeiten zu liegen – abseits vom touristischen Trubel. Hübsche Kirche zu besichtigen.

Hotels/andere Unterkünfte

La Réserve
In einem eleganten Landhaus ist hier das kleine Luxushotel **La Réserve** untergebracht. Das dazugehörende Feinschmeckerrestaurant ist eines der besten an der Algarve. Platz reservieren!
Santa Bárbara de Nexe, Faro
Tel. 0 89/99 94 74, Fax 99 92 34
12 Suiten, 8 Apartments
Luxusklasse (keine Kreditkarten)

Familienapartments
Für vier bis fünf Personen mit Terrasse und Pool. Das deutsche Ehepaar Niehoff vermietet sie.
Santa Bárbara de Nexe
Tel. 0 89/99 98 48
Mittlere/Obere Preisklasse

Schon die Phönizier, Griechen, Karthager und Römer wußten die Vorzüge des natürlichen Hafens an der Mündung des Rio Arade zu schätzen.

Portimão

■ D 5

30 000 Einwohner
Stadtplan → S. 69

Portus Magnus nannten die Römer diese Siedlung. Auch heute noch ist der Fischereihafen mit seiner Sardinenflotte Lebensader und einer der wenigen wirklich interessanten Flecken der Industriestadt. Frühaufsteher sollten sich das morgendliche Schauspiel nicht entgehen lassen, wenn die Fischer ihren Fang von den Kuttern entladen – jetzt im neuen Fischereihafen.

Der Blick von der 337 Meter langen alten Brücke, die die Bucht überspannt, gehört zu den lohnenden Momenten eines Besuchs in Portimão. Über einen Wald von Schiffsmasten schaut man hinüber zur Stadt und zum Fischerdorf Ferragudo. Dann gibt es eine Reihe hübscher Restaurants mit gutem Essen, ebenso eine stattliche Auswahl an Einkaufsmöglichkeiten, auch Antiquitäten. Der weite Strand, **Praia da Rocha**, galt bereits in den dreißiger Jahren als mondän – was er nicht mehr ist; aber er ist immer noch sehr schön.

Feiner Sand und phantastische Felsgebilde: Praia da Rocha, das einst als »Biarritz Portugals« gerühmt wurde, ist heute vom Massentourismus dominiert.

Hotels/andere Unterkünfte

Algarve D 5
Luxushotel direkt am Meer. Mit dem Pool im Garten über den Klippen, darunter eine Disko mit Ausblick zum Meer.
Praia da Rocha
Av. Tomás Cabreira
Tel. 0 82/41 50 01, Fax 41 59 99
220 Zimmer
Luxusklasse (AE, DC, EC, Visa)

Bela Vista D 5
Das schöne, altmodische Haus aus der Zeit der Jahrhundertwende wurde renoviert und ist moderner geworden. Terrasse zum Meer und zum Palmengärtchen. Der Five o'clock tea ist hier obligatorisch.
Praia da Rocha
Av. Tomás Cabreira
Tel. 0 82/2 40 55
12 Zimmer und 2 Suiten
Obere Preisklasse

Globo b 2
Ein größeres, sauberes, aber einfacheres Hotel, das in der Saison etwas laut ist.
Rua 5 de Outubro, 26
Tel. 0 82/4 63 50, Fax 8 31 42
73 Zimmer
Mittlere Preisklasse

Sehenswertes

Câmara Municipal a 3
Das Rathaus gibt einen Eindruck der typischen Architektur des 18. und 19. Jh.
Rua do Pé da Cruz/Rua Dr. Teófilo Braga

Igreja Matriz b 2
Von der ursprünglichen Pfarrkirche, die wahrscheinlich im 14. Jh. errichtet wurde, ist fast nur noch das gotische Portal erhalten. Die Kirche wurde durch das Erdbeben von 1755 zerstört und später wiederaufgebaut. Schön sind die Azulejos aus dem 17. und 18. Jh.
Rua Diogo Tomé

Largo 1° de Dezembro b 3
Nach dem Einkaufsbummel läßt man sich gern auf einer Bank in diesem kleinen Park nieder. Die Kacheln, mit denen die Bänke geschmückt sind, illustrieren die Geschichte Portugals.
Rua Dr. João Vitorino Mealha

Praia da Rocha D 5
Der Strand von Portimão, Praia da Rocha, war schon in den dreißiger Jahren ein mondänes, kleines Seebad für wohlhabende Portugiesen und vor allem für Engländer, die im »portugiesischen Biarritz« stilvoll ihren Tee tranken. Jetzt dominieren hier moderne Hotelbauten und Apartmenthäuser; die im Massentourismus unvermeidlichen Fastfood-Restaurants säumen den Strand. Geblieben aber ist der feine Sandstrand mit seinen bizarren Felsbildungen.

Auf einem Kliff steht die kleine Kapelle aus dem 6. bis 8. Jahrhundert, **Ermida de Nossa Senhora da Rocha**. Die Madonna mit dem Kind ist 10 Jahrhunderte jünger.
Praia de Nossa Senhora da Rocha
(→ Foto S. 45)

Santa Catarina
Das Fort aus dem 16. Jh. schützte zusammen mit dem gegenüberliegenden Fort von Ferragudo die Bucht. Heute gibt es in Santa Catarina ein Freiluftcafé.

Essen und Trinken

Casa Inglesa c 3
Der Treffpunkt in Portimão, wo sich Einheimische und Touristen begegnen. Das Café gilt als »Klatschbörse« mit Blick auf den Hafen.
Praça Teixeira Gomes, 3

Escondidinho b 3
Typisch portugiesisches Essen im alten schlichten Stil.
Porta de S. João
Untere Preisklasse

A Lanterna D 5
Am Ortseingang von Ferragudo, hinter der Brücke. Fisch, Fleisch und Nachtisch gleichermaßen gut.
Foz-Arade-Parchal
Tel. 082/41 44 29
Mittlere bis Obere Preisklasse
(EC, Visa)

Smereiglda b 2
Asiatisches Restaurant, in dem Angela, die schöne exotische Frau des Besitzers, besonders freundlich serviert. Das Essen ist gut und nicht ganz billig.
Rua de Santa Isabel, 14–16
Tel. 0 82/2 20 72
Obere Preisklasse

Einkaufen

Portimãos Zentrum ist eine beliebte Einkaufszone. In der alten Markthalle finden heute besondere Märkte und Ausstellungen statt.

Am Abend

Porto de Pesca
Im Fischereihafen herrscht frühmorgens und abends ein geschäftiges Treiben. Sie sollten nicht versäumen, in einem der Hafenrestaurants frische gegrillte Sardinen zu essen.

Service

Auskunft

Posto de Turismo ■ b 2
Largo 1° de Dezembro, 33
Tel. 0 82/41 91 31
Tgl. 9–19 Uhr

Polizei
Praça 1° de Maio, 19 ■ a 3
Tel. 0 82/41 66 56

Post ■ b 3
Praça Manuel Teixeira Gomes

Ein guter Platz für Taucher, Schnorchler und Fotografen ist der Felsenstrand Três Irmãos bei Alvor mit seinen wie von Künstlerhand geschaffenen Gesteinsskulpturen.

Ziele in der Umgebung

Alvor ■ C 5

Knapp 10 km westlich von Portimão liegt das Fischerdorf Alvor. Obgleich sich am Strand eine Hochhaus-Ferienanlage **Torralta** und zwei Luxushotels breitgemacht haben, hat das Dorf seinen Charakter bewahrt. Von einem gemütlichen Dorfplatz zweigen schmale Gassen ab. Im Mündungsgebiet des Flusses Alvor leben seltene Vogelarten.

Vor dem Hotel **Alvor Praia** lockt ein kilometerlanger, feiner Sandstrand, östlich davor die hübsche Ferienanlage **Prainha** und noch ein bißchen weiter der attraktive Felsenstrand **Três Irmãos**, gut für Schnorchelfans.

Hotels/andere Unterkünfte

Hotel Alvor Praia
Zum Teil antik eingerichtete Zimmer. Gutes Grillrestaurant.
Direkt am Strand
Tel. 0 82/45 89 00
Nur abends, Do geschl.
Luxusklasse (AE, DC, EC, Visa)

Essen und Trinken

Alvorvila
Algarvische Küche, vornehm.
An der Straße Praia da Rocha nach Alvor, 1 km vor Alvor
Tel. 0 82/45 87 75
Tgl. ab 19 Uhr
Obere Preisklasse (AE, DC, EC, Visa)

Fisherman's Rest
Wer frisch angelieferten Fisch essen und dabei den Fischern bei der Arbeit zuschauen möchte, kann dies auf der Terrasse des Fisherman's Rest direkt neben dem kleinen Hafen von Alvor tun.
Tgl. außer Mo 10–22 Uhr
Mittlere Preisklasse

Caniço
Das Caniço verspricht den Liebhabern von Fischgerichten puren Genuß am Meeressaum. Andere regionale Speisen werden auch serviert. Genießen Sie.
Tgl. von mittags bis 1 Uhr nachts
Aldeamento Turístico da Prainha, Alvor
Mittlere Preisklasse

Carvoeiro

■ D 5

Ein ehemals reizvoller kleiner Ort, dessen Häuser sich heute über die Hügel hinaufziehen. Der Strand wird von zerklüfteten Klippen umrahmt. Östlich des Ortes liegt Algar Seco, ein bizzares Felslabyrinth, in das man über zwei Treppen hinuntersteigen kann. Wind und Wellen haben Höhlen, Torbögen und Terrassen aus dem Kalksteinfelsen herausgewaschen.

Im **O Cantinho**, Estrada da Farol, wird man nie enttäuscht. Gute portugiesische Küche. Tgl. mittags und abends.Tel. 082/35 82 34. Im **Centianes** kocht eine deutsche Köchin für Feinschmecker. 5 km landeinwärts, in Lagoa, essen Sie bei **Chrissy`s** belgisch gut. Praça da República, 15. Sehr persönliche Atmosphäre herrscht in der exzellenten **Pension Baselli**, oberhalb der Hauptbucht mitten im Ort.

Maisernte in Monchique: Die Landwirtschaft spielt in dem Bergstädtchen eine nicht unwichtige Rolle.

Ferragudo ■ D 5

Von Portimão über die Brücke gut zu Fuß zu erreichen, liegt östlich das Fischerdorf Ferragudo. Malerische Gassen, steile Treppchen und ein Campingplatz in der Nähe.

Monchique ■ D 3

23 km nördlich von Portimão liegt Monchique. Von der Aussichtsterrasse des Franziskaner-Konvents **Nossa Senhora de Destero** (1632) hat man einen weiten Blick auf die üppige Vegetation der Gegend. In der Serra de Monchique wachsen tropische und subtropische Pflanzen. Die Heilquellen bei **Caldas de Monchique** (6 km südlich) lockten schon die Römer an und seit Jahrhunderten wird das Dorf als Kurort genutzt. Mit seinen Belle-Epoque-Häusern wirkt Caldas fast wie ein Museumsdorf.

Essen und Trinken

Jardim das Oliveiras
Restaurant mit Monchique-Spezialitäten und gutem Service. 100 m nach dem **Abrigo da Montanha** rechts ins Land.
Sitio do Porto Escuro/Foía
Tel. 0 82/91 28 74
Mittlere Preisklasse

O Luar da Foia
Herrliche Aussicht, gute Grillgerichte.
Estrada da Foia
Tel. 082/91 11 49
Untere Preisklasse

Rouxinol
Portugiesische, deutsche und internationale Küche.
Straße von Caldas nach Monchique
Tel. 0 82/91 39 75
Tgl. außer Mi 11.30–22 Uhr
Untere Preisklasse (AE, DC, EC, Visa)

Silves ■ D 4

Keine 20 km von Portimão entfernt liegt das stille Städtchen Silves, das immer noch von seiner großen Vergangenheit träumt. Der Ort am Rio Arade war schon zur Zeit der Phönizier ein wichtiger Handelsplatz. Im 12. Jh. wurde Silves unter den Mauren zum kulturellen, politischen und wirtschaftlichen Zentrum der Algarve. Im Hafen ankerten Schiffe, beladen mit Schätzen des Orients, in den Palastgärten wurden feinste arabische Verse verfaßt. Mit 30 000 Einwohnern zählte es damals dreimal soviel Einwohner wie heute. Nur noch die Reste des **Castelo**, der mächtigen Maurenburg aus rotem Sandstein, die über der Stadt thront, erinnern an die ruhmreiche Zeit. Die großen unterirdischen Zisternen der Burg versorgten die Stadt lange Zeit mit Wasser.

Sehenswert sind die Kirche **Nossa Senhora dos Mártires**, bereits im 12. Jh. begonnen, und die **Kathedrale** am Largo da Sé – sie soll die älteste Kirche der Algarve sein.

Hotel

Quinta do Rio
Das freundliche Country Inn eines italienischen Paares, rustikal und friedlich. Zimmer mit Bad und Terrasse. Abendessen nach Anmeldung.
Etwa 5 km von Silves
S. Estevão, Apt. 217
8300 Silves
Tel. und Fax 0 82/44 55 28
Mittlere Preisklasse

Essen und Trinken

Café Inglés
Abendrestaurant bei der Burg mit Dachterrasse und Musik.
Sa geschl.

Friedliche und melancholische

Erde nannte jemand die Gegend um das Hafenstädtchen Tavira, das etwa 20 Kilometer von der spanischen Grenze entfernt ist.

Tavira

■ K 5

8000 Einwohner

Stadtplan → S. 77

Bereits 2000 v. Chr. wurde Tavira erwähnt. Die Griechen nahmen es 400 v. Chr. in Beschlag, bevor die Römer erschienen. Die Portugiesen eroberten 1242 die Stadt und besiegten die Mauren. Doch das arabische Flair ist immer noch spürbar. Die alte Maurenhauptstadt, die der Tourismus bisher vergessen hat, wirkt ein bißchen verschlafen. Die Häuser spiegeln sich im Fluß, haben Treppchen und Bootsanlegestege zum Wasser, und eine siebenbogige Römerbrücke führt über den Gilão (auch Séqua oder Asseca genannt), der die beiden Stadthälften trennt (sie ist für Autos gesperrt), eine kleine Stadt mit ungewöhnlichen Dachfomen, mit über 30 Kirchen und Kapellchen, mit Treppengassen und Patrizierhäusern. Mit einem Boot tuckert man zur Badeinsel, zu Fuß durchstreift man die Weinfelder, die im Herbst einen schweren, alkoholreichen Tropfen ergeben. Die Sonne scheint hier länger, Tavira gilt als wärmster Ort der Algarve.

Ein stilles, ursprüngliches und sehr charmantes Hafenstädtchen ist Tavira – man sagt, es befände sich noch immer in einer Art Dornröschenschlaf...

Hotels/andere Unterkünfte

Marés
Das wohl modernste kleine Hotel der Stadt. Am rechten Ufer des Gilão. Sogar mit Sauna. Angeschlossen ist ein Restaurant mit guter Regionalküche.
Rua José Pires Padinha 134–140
Tel. 0 81/32 58 15, Fax 32 58 19
Do geschl.
16 Zimmer
Mittlere Preisklasse (AE, Visa)

Pension Lagoas ■ c 2
Zum Teil helle, freundliche Zimmer, ausgestattet mit schönen, alten Möbeln, gepflegt und sauber.
Rua Almirante Cândido Reis, 24 (östliche Flußseite)
Tel. 0 81/32 22 52
Untere Preisklasse

Pension Mirante ■ b 3
Das Haus mit dem chinesischen Turm. Von den vielen Terrassen bietet sich eine schöne Aussicht über die zerbrechlichen Dächer. Nur wenige Zimmer mit Bad. Sehr sauber.
Rua da Liberdade, 83
Tel. 0 81/32 22 55
Untere Preisklasse

Residencial Horizonte Mar ■ c 2
Am östlichen Ausgang von Tavira. Kleines, sauberes Hotel.
Rua Almirante Cândido dos Reis
Tel. 0 81/32 30 35/7
20 Zimmer
Mittlere Preisklasse

Residencial Princesa do Gilão ■ c 2
Direkt an der östlichen Uferpromenade findet man das kleine Hotel. Sauber und modern.
Rua Barda de Agua de Aguiar, 10–12
Tel. 0 81/32 26 65 und 32 31 71/3
23 Zimmer
Mittlere Preisklasse

Sehenswertes

Castelo ■ a 3
Von der maurischen Burgruine hat man den besten Blick auf die Stadt und den Fluß. Die Portugiesen, die 1242 die Stadt eroberten, zerstörten die Burg und bauten sie unter König Dinis I. neu auf. Durch das Erdbeben von 1755 wurde sie jedoch erneut stark beschädigt.
Calçada D. Paio Peres Correia

Igreja da Misericórdia ■ a 3/b 3
Die Kirche (1541) hat ein beeindruckendes Renaissanceportal.
Im dreischiffigen Innenraum sind dekorative Azulejos und Fresken sowie der Rokokoaltar sehenswert.
Travessa da Fonte

Igreja de Nossa Senhora do Carmo ■ c 1
Von außen unscheinbar, doch tritt man durch das barocke Portal, breitet sich ein reiches Innenleben im Stil Ludwig XV. aus.
Largo do Carmo

Igreja de Santa Maria do Castelo ■ a 3
Auf den Fundamenten einer Moschee steht auf dem höchsten Punkt der Stadt die im 13. Jh. erbaute Burgkirche mit gotischem Portal und gotischen Fenstern. Zerstört beim Erdbeben von 1755. Heute vereint sie mehrere Stile – aus arabischer Zeit bis ins 19. Jh. Hier ist D. Paio Peres Correia, Meister vom Ritterorden Sant' Jago, beigesetzt, der Tavira 1242 von den Mauren befreite und die Stadt zur Hauptstadt ernannte.
Calçada D. Paio Peres Correia

Praça da República ■ b 2/b 3
Vor der Römerbrücke liegt der mittelalterliche Stadtplatz mit dem arkadengeschmückten Rathaus und dem Tourismusbüro.

Museum und Galerie

Spatium b 2
Diese Galerie bevorzugt Ethno-Art und Modernes. Hübscher Bar-Patio.
R. Jacques Pessoa, 17
Tgl. 10–13 und 18–1 Uhr

Stadtmuseum a 3/b 3
Das kleine Museum in der Misericórdia-Kirche zeigt hauptsächlich Bilder des heiligen Sebastian.

Essen und Trinken

Baira Rio b 2
Dinieren am Ufer des Gilão.
Rua da Borda de Água da Assêca, 48
Tgl. 19–22.30 Uhr
Tel. 081/32 31 65
Mittlere Preisklasse (EC, Visa)

O Caneção c 3
Hier gibt es bestes Thunfischsteak.
Rua Dr. Parreira, 135
Mittlere Preisklasse

Santa Maria do Castelo, die Hauptkirche von Tavira, erhebt sich strahlend-weiß neben der Festung.

Impérial c 3
Sehr portugiesisch. Hervorragend: Sea-Food-Reis.
Rua José Padinha, 22
(an der Uferpromenade)
Tel. 0 81/32 23 06
Tgl. mittags und abends
Untere Preisklasse

Petisqueira Belmar c 2
Klein und sehr appetitlich. Gambas und Muscheln.
Rua Almirante Cândido dos Reis, 16
Östl. Stadtseite, parallel zum Fluß
Tel. 0 81/32 49 95
Mo geschl.
Untere Preisklasse

Einkaufen

Auf dem Markt Taviras hinter dem hübschen Stadtgarten am Fluß werden jeden Morgen (außer sonntags) Obst, Gemüse, Käse, Fleisch, Fisch und Kunsthandwerk angeboten. An einigen Tagen dehnt sich der Markt auch hinter der Halle am Flußufer aus. Einfache kleine Fischrestaurants warten auf der gegenüberliegenden Straßenseite auf Gäste.

Bazar Tanger ■ c 3
Kunstgewerbe, Schmuck, Korbwaren aus Portugal, Mode und Leder aus Afrika. Viel Schönes.
Rechts von der Markthalle, Rua José Pires Padinha 34–36

A Quinta ■ c 2
Schöne Möbel, Keramik und Boutique-Mode.
Rua Almirante Candidos Reis, 31
geöffnet im Sommer bis 22 Uhr

Service

Auskunft

Posto de Turismo ■ b 3
Praça da República
Tel. 0 81/32 25 11

Busbahnhof ■ b 2
Im Baustil eines Luxushotels am Fluß.
Rua Gonçalo Velho, links vor der Brücke

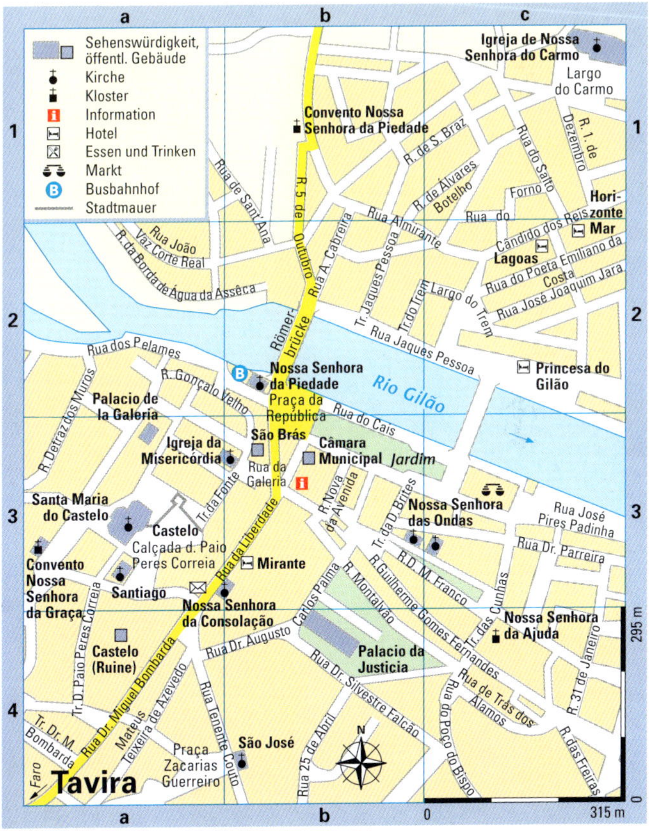

Fähre
Zur Badeinsel fahren die Boote am Ende der Dammstraße ab, die am Fluß Gilão entlang führt. Es geht an den Salinen vorbei, bis ans Wasser. Tgl. 7.55–20.30 Uhr während der Saison

Fahrrad-Vermietung c 3
Nahe dem Restaurant O Canecão, in der Rua Dr. Parreira, 135
Tgl. 9–13 und 14–19 Uhr

Polizei
Alto Santana
Tel. 0 81/32 57 04

Post a 3
Rua da Liberdade

Ziele in der Umgebung

Alcoutim L 2

Rund 65 km von Tavira entfernt liegt das alte Städtchen auf dem Steilufer des Rio Guadiana. Der Fluß ist an dieser Stelle besonders breit, an die 200 m mißt er bis zur spanischen Seite. Motorboote machen Fährdienste nach Sanlucar. Die Burgruine von Alcoutim aus dem 17. Jh. erzählt von den heftigen Befreiungskämpfen gegen Spanien. Heute kann man dort Altertumsfunde besichtigen und ins weite Land hineinträumen. Weinfelder und Obstgärten schmücken den algarvischen Ort.

In seinen Gassen verstecken sich urtümliche Kneipen, in denen Flußaale serviert werden. Es ist nicht einfach, sich vorzustellen, daß hier einmal ein bedeutender Hafen das Geschehen dieses Grenzortes bestimmte.

Cabanas K 5

Das Fischerdorf östlich von Tavira ist aufgewacht. Neben urigen Fischerkneipen Touristenlokale und ein Fort aus dem 19. Jh. Zu den feinen Stränden setzt man mit Booten über (6 km von Tavira entfernt).

Cacela Velha K 5

Ein malerisches Dorf am Ausläufer des Haffs Ria Formosa, rund 10 km östlich von Tavira. Wenn man auf der Sandbank steht, die das Haff und das Meer trennt (Boote setzen über), erscheint der kleine Ort mit seinem Fort aus dem 12. Jh. wie eine alte Festungsanlage. Die **Igreja Matriz** ziert ein Renaissanceportal, und beim Friedhof, gleich in der Nähe, wartet ein Knochenkeller auf Besucher, die das Makabre schätzen. Gutes Fischrestaurant im Ort.

Castro Marim L 4

Der maurische Ort in der Nähe von Vila Real de Santo António liegt auf einem Hügel, von Salzgärten und dem Vogelschutzgebiet **Reserva Natural do Sapal de Castro Marim** umgeben. Es umfaßt ein Feuchtgelände von etwa 2089 ha. Vor allem Reiher und Störche – auch schwarze – sind hier heimisch.

Die Reste zweier Kastelle und die heitere Kirche **Nossa Senhora dos Mártires** formen das Gesicht des Städtchens. Vom Wachturm der ehemaligen **Maurenburg**, die später auch den Christusrittern als Domizil diente, schaut man auf noble Häuser und über den Rio Guadiana nach Andalusien. Innerhalb der Burgmauern ist das Kirchlein **Igreja de Sant' Jago** (1755) restauriert. Krabben, Muscheln, Austern und Lampreia, ein schlangenartiger Fisch, werden in den kleinen Restaurants des Ortes angeboten. Nahe beim Ort, an der **Ponte da Senhora dos Milagres**, steht eine wundersame alte Esche, von der sich Wallfahrer ein Zweiglein abbrechen, weil es der Überlieferung nach heilende Kräfte besitzen soll.

Fuseta ■ I 5/I 6

Südwestlich von Tavira (etwa 14 km) liegt das ruhige Fischerdorf. Abends trifft man sich auf dem kleinen Marktplatz, der von Cafés umsäumt ist. Die Alten bevorzugen dort den **Club Recreativo Fuzetense**, schön und kühl mit bunten Azulejos. Die Jungen gehen ins **Farol** (oft Live-Musik) am Anleger der Fähren, die im Zehn-Minuten-Takt nach **Armona** übersetzen (8.30–20.15 Uhr). Dort gibt es **ein** Restaurant – gut für Fischliebhaber! Unter Portugiesen ißt man in Fuseta im Patio der **Conche** (Rua da Liberdade, Mo geschl.).

Luz de Tavira ■ I 5

Die **Pfarrkirche** des Dorfes, 6 km südwestlich von Tavira, hat ein außergewöhnlich schönes manuelisches Portal und Azulejos, die spanische und arabische Einflüsse zeigen. Nur knapp 1 km entfernt sind in **Balsa** die Ruinen einer Römersiedlung zu sehen.

Monte Gordo ■ L 4

Etwa 20 km östlich von Tavira finden Sie einen kilometerlangen, feinen Strand, der durch immergrüne Pinienhaine geschützt wird. Der Ort ist eine Betonlandschaft, im Sommer Highlife, im Winter verlassen und ohne Glanzlichter. In Monte Gordo gibt es ein Spielkasino und einen guten Kinderstrand, **Praia do Alemão**, Strand der Deutschen.

Odeleite ■ L 3

Von Vila Real de Santo António fährt man nördlich über eine kurvenreiche, wenig befahrene alte Römerstraße durch hügelige Macchia zu dem kleinen Ort am Rio Guadiana. Seine weißen Häuser reihen sich auf wie eine Perlenkette bis hinunter zum Fluß. In Odeleite flechten viele Familien praktische Körbe aus Schilf und Weiden. Die trockene, kaum bewachsene Hügellandschaft – **Cumeada Foupana** – wird teilweise aufgeforstet.

Das Fischerdorf Cabanas hat ein wenig von seiner pittoresken Ausstrahlung eingebüßt, seit man ihm eine riesige Feriensiedlung angegliedert hat. Dennoch herrscht an den feinen Lagunenstränden eine stimmungsvolle Atmosphäre.

Durch den Osten

Die Rundfahrt präsentiert die landschaftlichen Highlights des Sotavento, der sanften Seite der Algarve.

Cacela Velha, Dorf im Dornröschenschlaf

Cacela Velha, der Ausgangspunkt der Tour, ist ein stilles, malerisches Dorf am Ausläufer des Ria Formosa, das schon von den Phöniziern gegründet wurde. Hier gibt es ein sauberes, einfaches Restaurant. Zurück zur Hauptstraße in Richtung Vila Real de Santo António. An duftenden Pinienhainen beim Strand von Monte Gordo links ab zu dem maurischen Ort **Castro Marim**, einem der ältesten Orte der Algarve, mit seinen berühmten Salzgärten und einem Vogelschutzgebiet **Reserva Natural do Sapal de Castro Marim** (beste Zeit: Oktober). Die kurvenreiche, wenig befahrene Straße führt durch hügelige Macchia. **Odeleite** erscheint wie eine Oase am Ribeira de Odeleite, einem Seitenarm des Guadiana. Seine weißen Häuser stehen gleich Zinnsoldaten am Fluß aufgereiht.

Castro Marim, umgeben von Sümpfen und Salzseen

Die trockene, kaum bewachsene Hügellandschaft – Cumeada Foupana –, die man nun durchquert, wird teilweise aufgeforstet. Schöne Ausblicke. Ostwärts erreicht man nach etwa sechs Kilometern auf dem Steilufer des Rio Guadiana das alte Städtchen **Alcoutim**, etwa 40 Kilometer von Castro Marim entfernt. Es wird von einer maurischen Burgruine überragt.

Alcoutim

Auf der N124 über die in den Bergen gelegenen Orte **Martim Longo** und **Montes Novos** führt der Weg nach **Barranco do Velho** und weiter nach **Sâo Brás de Alportel**, einem Luftkurort am Südhang der Serra do Caldeirão und über **Tavira** zurück zum Ausgangspunkt.

Dauer: Tagesausflug
Länge: 140 km
Karte: → Klappe hinten

Durch das Gartenland

Ursprüngliches steht im Mittelpunkt dieser Tour im Landesinneren nördlich von Faro.

Bauernstädtchen Loulé

Die Rundfahrt nördlich von Faro ist ca. 90 Kilometer lang. **Loulé**, ein Bauernstädtchen in hügeliger Gartenlandschaft, ist vor allem wegen seines Wochenmarktes berühmt. Von Loulé an der N 270 fährt man entweder auf die Straße nach **Salir**, das 25 Kilometer nördlich liegt, oder man macht einen kleinen Abstecher nach **Querença**, wo man neben der Kirche im ersten Stock des **De Querença** gut essen kann. Dazu wählt man von Loulé die Straße nach Barranco do Velho/Lisboa bis zur Abfahrt nach Querença. Von dort gibt es eine Anschlußstraße nach Tõr oder Venda Nova weiter nach Salir. Die Straße windet sich durch grüne Hügellandschaft, an weiten Tälern und wenigen Häusern vorbei. Das Castelo von **Salir** ist nicht mehr vorhanden, aber hinter der »Mouro Bar Castelo« spaziert man an den Ruinen vorbei.

Abstecher nach Querença

Schöne Aussicht

»Über den Dächern« der Algarve

Der Blick in die **Serra do Caldeirão** ist imposant. Man fährt etwa zwei Kilometer in Richtung Benafim und biegt dann rechts ab in Richtung Malhão.

Die immergrüne Landschaft hinter der trubeligen Küstenregion hat ihren eigenen Reiz – ein Ausflug in stille Bauerndörfer und zu sanftgeschwungenen Hügeln gehört zu einem Urlaub an der Algarve wie Sonne und Meer.

Die gutausgebaute Straße führt etwa elf Kilometer immer höher bis auf eine Bergkuppe, von der an hohen Masten bunte Gebetsfahnen wehen. Dort befindet sich das buddhistische Retreat-Zentrum Humkaradzong mit atemberaubendem Panoramablick über die Berge.

Malerisches Bergdorf Alte

Zurück auf die Straße nach Benafim, das zehn Kilometer entfernt ist, und dann fünf Kilometer aufwärts bis **Alte**. Obwohl dieses pittoreske Dorf heute nicht mehr das stille Idyll ist, als das es bekannt wurde, lohnt sich ein Besuch. Vielleicht besichtigen Sie in **Alte da Torre** die Spielzeugwerkstatt der Frauen: **Brinquedos de Madeira**. Um dorthin zu finden, folgen Sie dem Hinweis »Hotel Alte«. Nach kurzer Strecke zeigt das Schild »Brinquedos de Madeira« nach links. Es geht noch ein bißchen höher. Sie erreichen ein fast verlassenes Dorf, das nur von Alten bewohnt wird. Dort, in der Dorfschule von Alte da Torre, ist die Werkstatt und der Ausstellungsraum der Spielzeugmacherinnen.

Zurück geht's wieder abwärts in Richtung Loulé. An der Verbindungsstraße von Loulé nach Boliqueime trennen sich die Wege. Wer ostwärts wohnt, biegt nach links in Richtung Loulé ab, die westwärts Ziehenden nach rechts in Richtung Boliqueime. Dort trifft man auf die N 125, die Hauptstraße, die den Osten mit dem Westen verbindet.

Dauer: Tagesausflug
Karte: → Klappe vorne, Klappe hinten

Altmodische Mauleselkarren – für Feriengäste ein Ausdruck des portugiesischen Idylls – sind vor allem im touristisch weitgehend unberührten Hinterland noch recht häufig zu sehen.

Zweitagestour nach Lissabon

Ein Ausflug in die Stadt voller Gegensätze lohnt nicht nur wegen der zahlreichen kulturhistorischen Sehenswürdigkeiten.

Man fährt von **Lagos** die N 120 Richtung Norden. Die Strecke ist ungefähr 300 Kilometer lang. (Stadtplan → S. 92/93)

1. Tag

Fahrt mit der »eléctrico«

Vormittag: Wer Lissabon kennenlernen will, sollte die Stadt mit der alten, wackligen **eléctrico** durchqueren, jener herrlich antiquierten Holz-Straßenbahn, die sich seit fast 90 Jahren hügelauf- und -abwärts auf einer 90-Zentimeter-Spur durch die verwinkelten und engen Gassen der Altstadt quält, bei deren Anblick sich die Fußgänger in die Häusereingänge flüchten, wenn das ratternde Ungetüm vorbeifährt. Manchmal sind Gassen und Kurven so eng, daß die Strecke eingleisig wird und der Straßenbahnwagen von einem Drahtseil hochgehoben werden muß.
Wo einst die Karavellen ausliefen, um die Neue Welt zu entdecken, an der **Praça do Comércio** am

Unverzichtbar: Eine Fahrt mit der »eléctrico« – Lissabons Straßenbahn, die scheinbar mit letzter Kraft durch die Straßen der Stadt ächzt – muß schon sein. Über starke Steigungen verbinden die Kabelbahnen Unter- und Oberstadt.

Ufer des Tejo, beginnen wir unsere Entdeckungsfahrt. Der 200 Meter lange und 175 Meter tiefe Platz ist das majestätische maritime Foyer der nach dem Erdbeben von 1755 am Reißbrett wiederaufgebauten Baixa, Zentrum des Geschäftslebens der internationalen Handelsmetropole.

Sé Patriarcal

Dann zur festungsartigen **Sé Patriarcal**, der ältesten Kirche von Lissabon, errichtet nach dem Sieg über die Mauren (1147) von Alfonso Henriques auf dem Gelände einer Moschee. Vorbei durch das verwinkelte Labyrinth der Altstadt zum **Miradouro de Santa Luzia**, einer der schönsten Aussichtsterrassen der Stadt, und zum Largo Santo António mit der Kirche **Santo António da Sé**, die im 16. Jahrhundert von König Manuel gestiftet wurde. Die heutige Krypta gilt als der Geburtsraum von Fernando de Bulhães, dem späteren hl. Antonius von Padua. Während der Fahrt atemberaubender Blick auf die **Alfama**, ihre Patios und winzigen Häuser.

Miradouro de Santa Luzia

Santo António da Sé

Blick auf die Alfama

Mit der »eléctrico« in die Vergangenheit

Die **eléctrico** führt weiter zum Largo Martim Moniz, benannt nach einem Ordensritter, der gegen die Mauren kämpfte. Im Volksmund heißt das Viertel noch heute Mouraria, Maurenstadt, die mehr und mehr restauriert wird. Von dort aus ein herrlicher Blick zum **Graça-Viertel** mit seinen alten, melancholischen Häusern und den ziemlich verborgenen Arbeitersiedlungen. Dann weiter zu den 1500 Meter langen und 90 Meter breiten »Champs-Élysées« der Tejo-Metropole, der **Avenida da Liberdade**, mit langen Baumreihen und dekorativer Trottoirbepflasterung aus schwarzweißen Basalt- und Kalksteinchen. Schließlich zum einen Kilometer langen **Aqueduto das Aguas Livres**, der in 33 Meter Höhe und mit 35 Meter hohem Bogen das Alcântara-Tal überspannt, eindrucksvoller Teil der 18 Kilometer langen, 1888 vollendeten Wasserleitung. Starker Kontrast zum postmodernen Lissabon mit seinem kitschig-bombastischen Einkaufspalast **Amoreiras**, der zu den größten in Europa zählt. Weiter zur **Basilica da Estrêla** mit ihrer hohen Vierungskuppel und

Blick zum Graça-Viertel

Avenida da Liberdade

Aqueduto das Aguas Livres

Einkaufspalast Amoreiras

Basilica da Estrêla

den beiden Glockentürmen aus hellem Alcântara-Kalkstein, eine der letzten großen barocken Kirchen Europas, die Königin Maria I. zum Dank für die Geburt ihres ersten Sohnes stiftete. Gegenüber der Kirche der 1850 angelegte, mit Platanen und Ulmen bepflanzte Park **Jardim da Estrêla** mit Teich und Musikpavillon. Dann geht's in Richtung Tejo zum **Bairro da Lapa**, noch heute bevorzugter Wohnort des bourgeoisen Lissabons, mit luxuriösen Botschaftsgebäuden, Niederlassungen alter Handelsgebäude und palastähnlichen Stadtvillen. Nichts erinnert mehr an das ehemalige Negerviertel des 17. und 18. Jahrhunderts. Dann herunter zum **Cais do Sodré**, von dem die Züge in Richtung Estoril und Cascais abfahren. Die Architektur des Bahnhofs ist eine Mischung aus Art déco und Funktionalismus, gestaltet 1928 von dem Architekten Pardal Monteiro. In der benachbarten kuppelgekrönten Halle des **Mercado da Ribeira Nova** wird vormittags der schönste Markt Lissabons abgehalten. Dann zur **Rua do Arsenal**: Hier standen früher die großen Werften, auf denen die Schiffe gebaut wurden, mit denen die Portugiesen die Welt eroberten.

Park Jardim da Estrêla

Bairro da Lapa

Bahnhof Cais do Sodré

Mercado da Ribeira Nova

Die Fahrt durch die Geschichte Lissabons beschließen Sie im **Restaurant Clara**, das 1980 in einem ehrwürdigen Lissabonner Bürgerhaus am Compo dos Mártires da Pátria eröffnet wurde. Nach dem guten Essen machen Sie einen Spaziergang durch den benachbarten kleinen Park zwischen der Avenida da Liberdade und der Rua da Palma und erfreuen sich an den wunderschönen Pfauen.

Restaurant Clara

Das Hotel York House (→ S. 86), eine stilvolle 4-Sterne-Albergoria, liegt im vornehmen Stadtteil Lapa.

Nachmittag: Ganz in der Nähe des Miradouro de Santa Luzia liegt der mit blau-weißen Azulejo-Paneelen geschmückte Stadtpalast der Grafen von Azurara (17. Jahrhundert) mit dem Kunstgewerbemuseum **Museu-Escola de Artes Decorativas**, dessen Exponate die bürgerliche Welt und das aristokratische Ambiente im Lissabon des 17. bis 19. Jahrhunderts veranschaulichen. Das Museum zeigt neben der bedeutendsten Möbelsammlung Portugals (16./17. Jahrhundert) schöne Arraiolo-Teppiche, Porzellan und Fayencen, Gold- und Silberarbeiten, Bilder und Leuchter. Dem Museum sind 21 Kunstwerkstätten angeschlossen, in denen die alten Techniken der Bilderrahmer und Vergolder, Buchbinder und Möbeltischler gelehrt werden.

Museu-Escola de Artes Decorativas

Abend: Ihren ersten Entdeckungstag in der alten Hauptstadt am Tejo sollten Sie, nach einem kurzen abendlichen Besuch der Praça do Comércio bei einem kleinen Abendessen in einem der vielen kleinen Restaurants in der **Rua das Portas de Santo Antão** beenden. Zu empfehlen sind beispielsweise das einfache Restaurant im **Casa do Alentejo** (Nr. 58) oder das exklusive **Gambrinus** (Nr. 23–25). In dem stilvollen Vier-Sterne-Hotel **York House**, das in einem umgebauten Kloster beim Museu Nacional de Arte Antiga liegt, ist der stimmungsvolle Mittelpunkt ein idyllischer Innenhof mit alten Bäumen. Rechtzeitig anmelden und nach Zimmern zum Garten fragen (Rua das Janelas Verdes 32, Bahnhof Sants, Tel. 01/3 96 25 44, Fax 3 97 27 93, 34 Zimmer, Obere Preisklasse).

Übernachtungstip York House

2. Tag

Vormittag: Lissabon ist die Stadt der **miradouros.** 17 solcher Aussichtspunkte soll es in Lissabon geben: Hügel und Türme, Kuppeln und Brücken, Mauern und Kirchen. In der Miradouro-Stadt schaut man immer von irgendwo oben nach irgendwo unten und hält Ausschau nach einem weiteren Aussichtspunkt. Die Lisboetas lieben ihre Beobachtungsposten, die wie Gondeln über der lärmenden Großstadt schweben.

Aussichtspunkte

Herrliche Aussichtspunkte

Viele sind berühmt wie **Senhora do Monte** in der Rua da Graça, **Santa Luzia** oder **São Pedro de Alcântara** im Bairro Alto und vor allem die Kastellmauer von **São Jorge**. Andere entdeckt man beim ziellosen Umherwandern in der Alfama (Altstadt) oder dem Bairro Alto (Oberstadt), etwa **Santa Catarina** mit der phantastischen Skulptur des Sagenriesen Adamastor, die in den »Lusiaden« des portugiesischen Nationaldichters Luís de Camoes als Sinnbild für die Gefahren am Kap der Guten Hoffnung erscheint.

Das **Castelo de São Jorge**, die Sankt-Georgs-Burg, mit ihren mächtigen Mauern und wuchtigen Wehrtürmen gibt ein faszinierendes Panorama mit Stadtzentrum und Tejo. Von der Kirche **Nossa Senhora do Monte** bietet sich ein eindrucksvoller Rundblick mit Burg, Moura-Viertel, Baixa und Tejo. Von den 216 Meter hohen **Montes Claros** (Parque Florestal de Monsanto) sieht man die Stadt, das Sintra-Gebirge und das Meer. Von **São Pedro de Alcântara** Blick auf die Cidade Baixa, Burg und Tejo. Vom **Torre de Belém** und dem **Padrão dos Descobrimentos** ein topographisch reizvoller Blick zur Kernstadt und über den Tejo. Von der riesenhaften, in 110 Meter Höhe über dem Fluß gelegenen und 28 Meter hohen Jesusstatue des **Monumento Cristo Rei** am rechten Tejo-Ufer hat der Betrachter ein grandioses Panorama von Lissabon über die Arrabida-Halbinsel zur Tejomündung.

Das Castelo de Sao Jorge erhebt sich am höchsten Punkt der Stadt. Innerhalb der Mauern wurde ein hübscher Park mit Teichen und Rastplätzen geschaffen. Wirklich spektakulär sind jedoch die Aussichtsterrassen.

Altes Handwerkerviertel Bairro Alto

Fado-Lokale und Tante-Emma-Läden

Statt dessen kann man den Vormittag auch im **Bairro Alto** (Oberstadt) verbringen. Zwei Zugänge führen in den im 16. Jahrhundert zunächst für die Handwerker angelegten, später zunehmend auch von vornehmen Familien bewohnten Bairro Alto, der aus zwei ungleichen Hälften besteht: Im Osten herrschen Fadolokale, Restaurants und Kneipen vor, im Westen zeigt die Oberstadt ein eher verschlossenes Gesicht.

Museu Arqueológico do Carmo

Die Standseilbahn **Elevador da Gloria** (1885) führt von der Praça dos Restauradores zur Rua São Pedro da Alcântara, und der Aufzug **Elevador de Santa Justa** (1901) führt von der Rua de Santa Justa zur Ruine des gotischen **Convento do Carmo,** das seit 1857 das sehenswerte **Museu Arqueológico do Carmo** mit dem Sarkophag Fernandos I. beherbergt, dem letzten Burgunder auf dem portugiesischen Thron. Das Museum zeigt bedeutende prähistorische Exponate aus der Jungstein- und Bronzezeit, römische, gotische und mittelalterliche Inschriften und Grabsteine, Waffen, Keramik, Münzen und Architekturfragmente.

Elevador de Santa Justa

Die neogotische Stahlkonstruktion des Aufzugs mit einer Förderhöhe von 32 Metern ist eine großartige Leistung des französischen Ingenieurs Raoul Mesnier de Ponsard. Zwei Kabinen fahren in dem eisernen Turm auf und ab, sie fassen jeweils 25 Personen. Von der Plattform herrlicher Blick auf die rechtwinkelig angelegte Baixa und die Burg.

Im Bairro Alto lebt das traditionelle Handwerk wie eh und je. Abends verwandelt sich das frühere Armen- und heutige Szeneviertel jedoch zum Treffpunkt der Nachtschwärmer.

Oberstadt: Mekka der Buchliebhaber

Einkaufsviertel Chiado

Hier findet man schöne Buchläden und Antiquariate. Das elegante Einkaufsviertel **Chiado,** westlich der Baixa mit den Flanierstraßen Rua do Carmo und Rua Garrett, animiert zu einem nicht ganz preiswerten Einkaufsbummel. Hier liegen etwas versteckt das Luxusrestaurant **Aviz** und das vorzügliche Tabakhaus **Casa Havaneza** sowie feine Konditoreien (**pastelarias**) und Jugendstilcafés wie das **Brasileira** mit seinen verspiegelten Wänden und Marmortischplatten. Auf der Terrasse sitzt Fernando Pessoa am Tisch.

Casa Ludovice

Sehenswert ist die **Casa Ludovice,** Wohnhaus des aus Schwäbisch Hall stammenden Hofarchitekten Johann Friedrich Ludwig (1673–1752). Im Erdgeschoß befindet sich die Portwein-Probierstube **Solar do Vinho do Porto.** Schließen Sie Ihren Bummel durch die Oberstadt mit einem Besuch der belebten **Praça Luís de Camões** ab, wo man 1867 dem größten portugiesischen Dichter ein Denkmal setzte.

Praça Luís de Camôes

Abendprogramm im Bairro Alto

Wem es im Bairro Alto gefallen hat, der sollte auch nachts wiederkommen, ins **Frágil** zum Beispiel, einer Bar und Diskothek mit viel Prominenz und den unvermeidlichen **meninos bens,** der Jeunesse dorée. Oder in die kleine Fadokneipe **Viela,** wo die Klage des Fado noch ursprünglich ist. An heißen Tagen ist der Besuch eines Bierkellers (**cervejaria**) eine angenehme Pflicht. Zu empfehlen ist die **Cervejaria Trindade,** die 1836 im alten Refektorium des Klosters »Heilige Drei-

Ungewöhnliches Verkehrsmittel: Der Elevador de Santa Justa erspart seinen Benutzern den kräftezehrenden Aufstieg von der Unter- in die Oberstadt.

einigkeit« eingerichtet und vom Maler Luís Ferreira das Tabuletas mit Azulejos-Paneelen ausgeschmückt wurde.

Handwerkerviertel Alfama

Nachmittag: Wer nach der Fahrt mit der **eléctrico** oder nach der Aussicht von einem der vielen **miradouros** ein typisches und intaktes Wohnviertel näher kennenlernen möchte, sollte auf jeden Fall die **Alfama** aufsuchen. Die Alfama (arab. alhamma = das Bad) zwischen Burgberg und Ufer des Tejo ist Lissabons lebendige und laute mittelalterliche Welt mit Sackgassen und Hinterhöfen, in denen schon seit Beginn der Maurenherrschaft die Handwerker und Fischer leben.

Das große Erdbeben von 1755 verschonte das Viertel, das mit Treppen aus Kopfsteinpflaster, Patios, in denen Nelken und Amaryllis duften, düsteren Weinspelunken (**tascas**), winkligen und oft nur zwei Meter schmalen und dunklen Gassen, kleinen Plätzen und blütenumrankten Mauern seinen mittelalterlichen maurisch-jüdischen Charakter bewahren konnte. Und überall erzählen kachelverkleidete Fassaden von der Zeit vor dem großen Erdbeben.

Sardinen im maurischen Viertel

Largo das Portas do Sol

Das nur einen halben Quadratkilometer große »Freilichtmuseum« bildet vor und hinter den Fassaden feste Dorfgemeinschaften, wo der Einheimische keine Hinweisschilder braucht. Nur am **Largo das Portas do Sol**, wo der hl. Vinzenz die menschlichen Irrtümer milde belächelt, ist in die Fassade neben der schmalen Treppenpforte zur Alfama eine topographische Zeichnung auf Azulejos eingelassen. Typisch der Geruch von Sardinen, die auf den **fogareiros**, kleinen kohlebeheizten Grillrosten, überall gegrillt werden. Frühmorgens verwandeln sich die **Rua de São Pedro** und die **Rua de São Miguel** in einen Straßenmarkt unter freiem Himmel. Den besten Blick über die Alfama hat man vom **Miradouro de Santa Luzia**, der mit herrlichen Azulejos verziert ist. Der Miradouro ist als kleiner Park mit Bänken und Blumenrabatten auf den Resten der alten Stadtmauer angelegt.

Miradouro de Santa Luzia

Abstecher zum ältesten Markt der Stadt

Und sehenswert ist der **Chafariz d'El-Rei** (Brunnen des Königs), der sechs Wasserhähne hat – für jede soziale Gruppe einen. Interessant ist die **Feira da Ladra**, der Diebesmarkt auf dem Campo de Santa Clara, der jeden Dienstag und Sonnabend abgehalten wird, der älteste wöchentliche Markt in Lissabon; verkauft werden Kleidung, Haushaltswaren, gebrauchte Bücher und Antiquitäten. Wirkliche Schnäppchen macht man hier allerdings kaum noch.

Wochenmarkt Feira da Ladra

Unbedingt anzusehen ist die **Casa dos Bicos** (Haus der Spitzen) in der Rua dos Bacalhoeiros, der Straße der Stockfisch-Fischer, ein Renaissancebau (1523) des Adelsgeschlechts der Albuquerque mit einer Fassade aus diamantierten Steinen. Die oberen zwei Stockwerke wurden anhand früherer Stiche neu errichtet.

Casa dos Bicos

Lissabon postmodern

Bars sind Modesache, ihre Beliebtheit wechselt mit dem Wind. Aber was Sie sehen sollten, ist **Amoreiras**, das größte Einkaufszentrum Portugals und das drittgrößte Europas. Es erinnert in seinem Grundriß an eine Kirche: Amoreiras, »uma cidade dentro de cidade« – eine Stadt in der Stadt, das größenwahnsinnige Geschäfts-, Einkaufs- und Wohnzentrum des Stararchitekten Tomas Taveira und Stolz der portugiesischen Postmoderne. Über 200 Läden, Boutiquen, Galerien, Kinos, Spielsalons, Gaststätten und Banken halten die Besucher an sieben Tagen der Woche auf Trab.

Einkaufszentrum Amoreiras

In endlosen Wandelgängen, zwischen Palmen und Springbrunnen verbringen Lissabonner Familien hier ganze Nachmittage und tätigen ihre Großeinkäufe. Wer diesen Kitscharchitekten treffen möchte, sollte vielleicht im **Banana Power** (Rua de Cascais 51–52), dem »most restricted« Club in Lissabon, vorbeischauen.

Dauer: 2 Tage

Lissabon
Amoreiras Shopping Center
Aqueduto das Águas Livres
Amoreiras
Praça das Arm.
Museu da Fundação Arpad Szenes-Vieira da Silva
Palácio dos Marqueses da Fronteira
Pr. Marquês de Pombal
Rotunda
Museu Fundação Calouste Gulbenkian
Largo do Rato
Rato
Liceu de Pedro Nunes
Jardim Botanico
Academia das Ciências
Jardim da Estrêla
Basílica da Estrêla
Praça do Principe Real
Palácio da Assembleia Nacional
Estrêla
Hospital de Jesus
Bairro Alto
Lapa
York House
Miradouro de Santa Catarina
Elevador da Bica
Museu Nac. de Arte Antiga
Santos
L. de Santos
Avenida Vinte e Quatro de Julho
Praça D. Luís I.
Mercado da Ribeira Nova
Estação Cais do Sodré
Pr. Cais do Sodré
Rio Tejo
Belém
Prazeres
R. da Estrela
R. de S. Jorge
Av. Álvares Cabral
R. Braamcamp
R. Joaq. a. D. Aguiar
Rua da Escola Politécnica
Calç. da Estrêla
R. de Santo Amaro
Rua de S. Bento
Rua do Salitre
R. Dom João V
Rua das Amoreiras
R. do Sol ao Rato
Rua da Arrábida
Rua do Cabo
Rua Saraiva de Carvalho
R. do Campo de Ourique
Rua Castilho
R. Rodr. da Fonseca
Filipe Nery
T. da Légua
R. Alex. Herculano
Rua Rosa Araújo
Rua Barata Salgueiro
Rua Nova de S. Mamede
R. da Imprensa Nac.
Rua da Lapa
R. das Praças
R. do Quelhas
R. das Trinas
Rua S. João da Mata
R. G. de Orta
R. do Machadinho
C. d. Marq. de Abrantes
R. dos Janelas Verdes
Rua D. Luís I
R. de Poiais de S. Bento
C. do Combro
Rua da Boavista
Rua de S. Paulo
Rua Eduardo Coelho
R. da Acad. das Ciências
R. Fern. Tomás
L. do Conde Barão
Piexeira Pedro Dias
T. dos Fiéis de Deus
Rua da Rosa
Rua da Atalaia
Rua do Século
R. d. Emenda
R. Gaivotas
Avenida D. Carlos I
R. B. Carneiro
T. S. Quitéria
R. do Arco á S. Mamede
R. N. d. Piedade
T. d. S. Teresa
R. da Quintinha
R. d. Prazeres
Rua de S. Marçal
R. M. Olivete
330 m
0
410 m
a
b
c
1
2
3
4
5
N

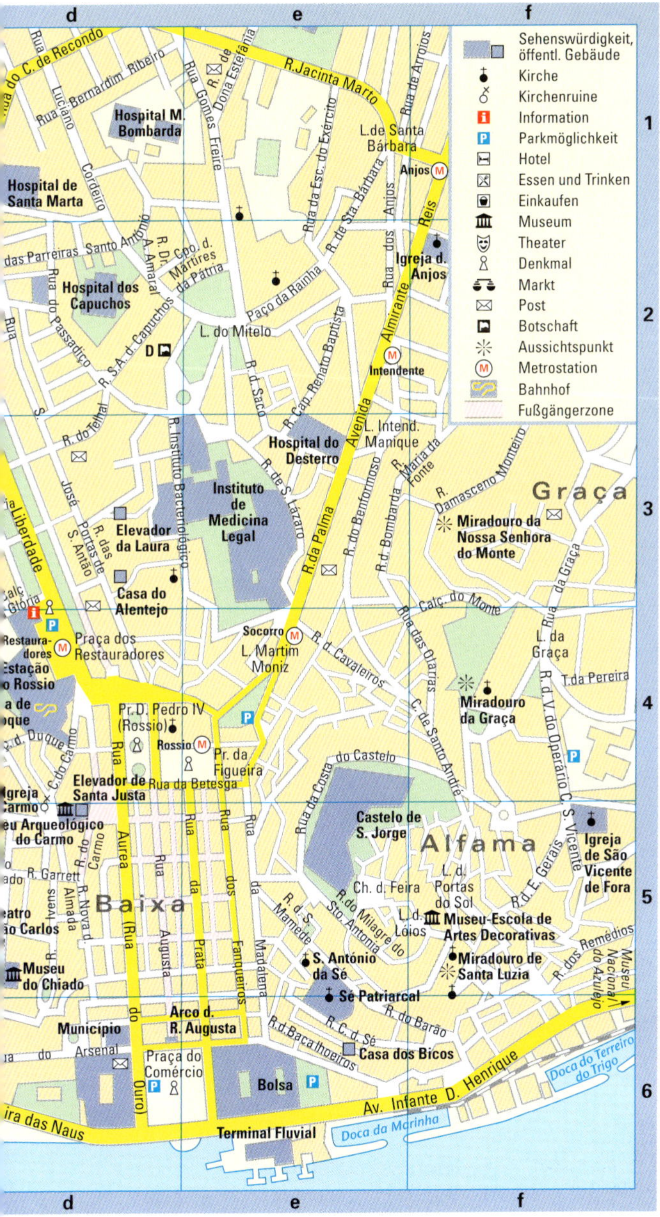
Sehenswürdigkeit, öffentl. Gebäude
Kirche
Kirchenruine
Information
Parkmöglichkeit
Hotel
Essen und Trinken
Einkaufen
Museum
Theater
Denkmal
Markt
Post
Botschaft
Aussichtspunkt
Metrostation
Bahnhof
Fußgängerzone
d
e
f
1
2
3
4
5
6
Hospital M. Bombarda
Hospital de Santa Marta
Hospital dos Capuchos
R. Jacinta Marto
L. de Santa Bárbara
Anjos
Igreja d. Anjos
Intendente
L. do Mitelo
Hospital do Desterro
L. Intend. Manique
Instituto de Medicina Legal
Elevador da Laura
Casa do Alentejo
Graça
Miradouro da Nossa Senhora do Monte
Calç. do Monte
L. da Graça
Socorro
L. Martim Moniz
Praça dos Restauradores
Restauradores
Miradouro da Graça
Pr. D. Pedro IV (Rossio)
Rossio
Pr. da Figueira
Elevador de Santa Justa
Rua da Betesga
Castelo de S. Jorge
Alfama
Igreja de São Vicente de Fora
Baixa
Museu-Escola de Artes Decorativas
S. António da Sé
Sé Patriarcal
Miradouro de Santa Luzia
Museu do Chiado
Arco d. R. Augusta
Município
Casa dos Bicos
Praça do Comércio
Bolsa
Av. Infante D. Henrique
Terminal Fluvial
Doca da Marinha
Doca do Terreiro do Trigo
Museu Nacional do Azulejo
Rua da Palma
Avenida Almirante Reis
Rua Augusta
Rua da Prata
Rua dos Fanqueiros
Rua Aurea (Rua do Ouro)

TOPTEN 1

Zum Cabo de São Vicente

Ein Ausflug an das »Ende Europas«, zum Cabo de São Vicente, darf in keinem Besuchsprogramm fehlen.

Nördlich von Sagres gibt es wilde, traumhaft schöne Strände mit gefährlicher Brandung und besonderen Steinen. Sie sind vom Meer in Form geschliffen, grau und weiß geädert.

Die beschriebene Tour ist etwa 40 Kilometer lang. Man fährt von **Sagres**, einem wenig touristischen Ort, vorbei an der mächtigen Fortaleza, wo Heinrich der Seefahrer im 15. Jahrhundert den Kapitänen das Navigieren beigebracht hat, bis zum berühmten Leuchtturm am einsamen Kap.

Der südwestlichste Punkt Europas

Hier, am südwestlichsten Punkt Europas, donnert die Brandung gegen die Küste, nimmt der Wind fast den Atem. Auch im Hochsommer kann es Ihnen passieren, daß Nebelfetzen immer dichter werden und das Horn des Leuchtturms seine Warnrufe übers Meer schickt. Bei klarem Wetter ist das Licht des Leuchtturms bis zu 90 Kilometer weit zu sehen. Straßenhändler halten zu jeder Jahreszeit schafwollene Pullover bereit.

Bademöglichkeit an weiten Stränden

Zurück bis **Vila do Bispo**, dort biegt man ab in Richtung **Carrapateira**, das etwa 16 Kilometer entfernt liegt. Hier befinden sich zwei reizvolle Strände: **Praia do Amado** und **Praia da Bordeira**. Es sind die weitläufigsten Strände der Westküste und ein Eldorado für Wellenreiter und Paraglider. Klippen wechseln mit dünenartigem Gelände ab, dahinter liegen sanfte grüne Hügel.

Nehmen Sie denselben Weg nach Vila do Bispo zurück oder die ungeteerte Straße, die von Pedralva durch eine karge Landschaft nach Budens führt. Bei Budens gelangen Sie wieder auf die N 125.

Dauer: Tagesausflug
Karte: → Klappe vorne

Auf dem Rio Guadiana

Der Grenzfluß trennt Portugal und Spanien und führt durch eine einsame, relativ arme, aber sehenswerte Landschaft.

Vila Real de Santo António

Von **Vila Real de Santo António**, dem östlichsten Ort der Algarve, der 1774 vom ehrgeizigen Marquès de Pombal streng geometrisch aus dem Boden gestampft wurde, tuckern Motorschiffe den Grenzfluß hinauf, lassen die friedliche, intakte Landschaft zu beiden Seiten an sich vorbeiziehen. Von März bis Oktober liegen verschiedene Schiffe im Yachthafen startklar; auch ein Ausflugsdampfer, der dann an den alten Festungsanlagen von **Castro Marim** vorbei durch das Naturschutzgebiet gleitet, in dem Hunderte von Störchen nisten, Seidenreiher stolzieren und Seeschwalben neugierig das Schiff umkreisen. Auf seiner Reise schwenkt es in einen Seitenarm – Ribeira de Odeleite –, und wer mag, springt vom Boot aus in die Fluten, um ein paar Runden zu schwimmen. Zurückgekehrt auf den großen Fluß, steht manchmal an der Anlegestelle von **Foz de Odeleite**, einem gottverlassenen, kleinen Dorf, ein Mann mit zwei Mauleseln, der auf Gäste wartet. Er stellt sie denjenigen zur Verfügung, die nicht zu Fuß durch den Ort wandern wollen.

Festungsanlagen von Castro Marim

Bilderbuchidylle in Foz de Odeleite

Im Ort ißt man in einem modernen Restaurant gemeinsam gegrillte Hühner oder Sardinen, und gegen 18.30 Uhr erreicht das Motorschiff wieder den Hafen von Vila Real de Santo António, wo Zubringerbusse zu den Hotels warten.

Auskünfte:
Transguadiana
Rua Almirante Cãndido Reis, 96,
8000 Vila Real de Santo António, Tel. 0 81/4 22 22
Erwachsene Gäste aus Richtung Albufeira zahlen pauschal (Bus + Boot) ca. 6 900 Esc., aus Tavira 6 000 Esc.

Dauer: Tagesausflug
Karte: → Klappe hinten

Wandern im Nationalpark Tavira und an der Ria Formosa

Im hügeligen Naturschutzgebiet wandern Sie durch duftende Eukalyptushaine und waten durch Bäche. An der Ria Formosa beobachten Sie seltene Wasservögel.

Mit dem Auto fahren Sie auf der N 125 von **Faro** in Richtung **Vila Real** bis zum **Eurotel**, das zu Tavira gehört, aber direkt an der Ost-Westachse der Algarve liegt. Kurz nach dieser Ferienanlage biegen Sie links ab, Richtungsschild **Mata Nac** (Nationalpark). In einem kleinen Dorf überqueren Sie auf einer Brücke den **Riba do Almargem**, der im Sommer trocken sein kann. Ihr Weg führt Sie in nordöstlicher Richtung nach **Solteiras** und weiter auf der Straße, die nach **Eiras** geht. Sie kommen in ein Tal und fahren unter der Autobahn E 01 hindurch. Gleich danach liegt links das Wachhaus der Aufseher des Nationalparks, **Casa da Guarda**. Hier lassen Sie Ihren Wagen stehen.

Das Auto steht sicher beim Casa da Guarda

Auch per pedes gehen Sie zunächst auf der Straße in Richtung Eiras. Sehr bald zweigt ein rötlicher Weg ab, den Sie benutzen. Es geht leicht aufwärts. Oben zweigt ein anderer Weg ab, Sie bleiben aber auf dem rötlichen Pfad und kommen an den Bach Gafa. Ziehen Sie Strümpfe und Schuhe aus und waten Sie hindurch.

Blick auf eine Hügellandschaft, die an die Provence erinnert

Der Weg führt aufwärts. Von der nächsten Anhöhe aus haben Sie einen guten Überblick über die wellige Hügellandschaft, die in ihrer Sanftheit und Schlichtheit fast altmodisch anmutet.

Nachdem Sie sich gut umgeschaut haben, geht es abwärts bis an den Rand des Dörfchens **Malhada do Peres.** Hier wandern Sie über den Bach **Zambujosa** und halten sich eine Weile an seiner Seite. Der Weg führt unterhalb des Dorfes

Daroeira hinauf nach Eiras. Sie folgen ihm nur ein kurzes Stück, denn bald zweigt rechts ein kleiner Weg ab, der in den Wald hinaufführt. Oben angekommen, gehen Sie auf einem Pfad abwärts, und Sie überqueren wieder den Bach Gafa.

Noch einmal geht es leicht aufwärts und Sie gelangen wieder zu der Straße, die von Eiras kommt. Auf ihr wandern Sie rechts zum **Casa da Guarda**, wo Ihr Auto wartet.

Sie sind etwa zwei Stunden gelaufen. Falls Sie noch nicht zu müde sind, fahren Sie nun nach **Olhão** bis zur **Quinta de Marim**. Sie liegt zwischen den Bahngleisen und der Lagune im Osten Olhãos und ist ein Forschungszentrum und Naturpark der Ria Formosa. Sie wandern auf dem angelegten Lehrpfad, der durch Pinien über Salinen und Vogelreservate zu einer Wassermühle führt und zu einer alten Nora, einem Tiefbrunnen.

Daneben gibt es junge Hunde zu sehen, denn hier werden **Cães de Agua** gezüchtet, eine rein portugiesische Hunderasse, die in alten Zeiten Fischern bei der Ortung von Fischschwärmen halfen. Diese Hunde sind tüchtige Schwimmer und Taucher, sie haben zwischen den Zehen eine Art Schwimmhaut entwickelt.

Jahrhundertelang war er »Mitarbeiter« der Seeleute: der seetüchtige »Pudel«

Eintritt: Quinta de Marim 300 Esc.
Öffnungszeiten: 9–12.30 und 14–17.30 Uhr
Dauer der Wanderung: insgesamt ca. 3–4 Stunden.
Karte: → Klappe hinten ■ K 4/H 6

Nahe Luz de Tavira, einem sehenswerten ländlichen Örtchen, können Sie an einer hübschen Strandbucht eine Pause einlegen.

Bergwanderung in der Serra de Monchique

Der Weg führt über leichte Hänge zwischen den Bergen bis in die Nähe der Fóia, dem mit 902 Metern höchsten Berg der Serra de Monchique.

Am besten ist es, für den Hinweg den Bus nach **Marmelete** (18 Kilometer von Monchique) zu benutzen, aber in **Gralhos** auszusteigen. Für den Heimweg sollten Sie ein Taxi bestellen (vielleicht nach Fonte da Senhora). Die Anfahrt mit dem eigenen Auto ist weniger zu empfehlen, weil Sie dann zum Ausgangspunkt zurückgehen müßten.

Von Gralhos nach Norden

In **Gralhos** wandern Sie beim Kilometerstein 21,6 der Landstraße Nr. 267 los. Abzweigen beim Wegweiser Chilrão/Portela da Viúva/Selão nach Norden. Der breite Sandweg folgt den Windungen des Bachtales.

Wasserfälle bei Pé do Frio de Baixo

Beim Schild Pé do Frio finden Sie eine Quelle und zur Rechten einen kleinen Wasserfall. Der Ort **Pé do Frio de Baixo** ist in der Straßenkurve zu sehen. Sie biegen nun links ab. Die Straße überquert Täler, links und rechts sind kleine Wasser-

Eine Wanderung in der Serra de Monchique beschert Ihnen mit einiger Sicherheit auch Begegnungen der ungewöhnlichen Art: Auch freilaufende Schweine weiden in der unberührten Landschaft.

fälle zu sehen. Sie folgen dem Schild Chilrão und haben die Kreuzung nach Selão zur Linken. Nach 200 Metern biegen Sie rechts ab (Wegzeichen) und folgen dem Weg nach oben. Während des Aufstiegs atmen Sie den würzigen Duft der Eukalyptushaine ein. Durch Terrassenfelder hindurch gehen Sie über eine weitere Kreuzung hinweg weiter aufwärts. Der Weg setzt sich zwischen den Häusern von **Choça** und **Lamateira** fort. Dann wechselt der Duft, Pinien wachsen hier, und Sie sehen vor sich die Antennen der **Fóia**.

Eukalyptushaine und Terrassenfelder

Der letzte Anstieg

Der Weg führt nun in einer weiten Kurve rechts um den Berg, vorbei an Quellen und den Häusern von **Moita** bis zu einem Wegzeichen. Der letzte Anstieg beginnt; biegen Sie links ab. Sie treffen auf einen Platz kurz vor dem Anschluß an die Landstraße Nr. 266-3. Nach rechts zeigt ein Wegweiser zum Aussichtspunkt **Fonte da Senhora.** Links geht es noch zwei Kilometer weiter bis zum Gipfel.

Aussichtspunkt Fonte da Senhora

In der richtigen Jahreszeit kann man in Monchique hervorragend Pilze sammeln: zum Beispiel Pfifferlinge, Steinpilze, Butterpilze.

Für diese Wanderung sollten Sie feste Schuhe tragen.

Dauer: ca. 6 Stunden
Karte: → Klappe vorne, ■ C 3/D 3

Zwischen sattem Frühjahrsgrün leuchten Orangen: Die Monate April und Mai sind ideal für eine Fahrt in die Serra de Monchique.

TopTen 7

Durch die fruchtbare Landschaft der Serra de Monchique

Die Gebirgslandschaft aus Granitgestein ist nach relaxten Strandtagen genau die richtige Alternative zum Meer.

Richtung Monchique/ Kreuzung nach Alferce

Um an den Ausgangspunkt zu kommen, nehmen Sie den Bus oder das eigene Auto in Richtung **Monchique** bis zur Mobiloil-Tankstelle auf der linken Straßenseite kurz vor der Kreuzung nach **Alferce**. Der Weg beginnt rechts hinter der Tankstelle und führt zwischen alten Mauern entlang, vorbei an Gärten und Obstplantagen. Ein Bächlein sprudelt, und alte und neue Dorfhäuser erzählen vom Alltag. Zunächst hört man noch die Autos von der Hauptstraße, dann entfernt sie sich. Dafür weiden vielleicht Schafe an der Seite. Der Sandweg ist bequem zu gehen und endet auf einer kleineren, asphaltierten Straße N 267, nachdem man linker Hand die Dorfschule, **Escola Primária**, passiert hat. Von links ragt der Steinbruch von Nave auf. Sie lassen ihn hinter sich, denn Sie biegen nach rechts auf die Straße, die von alten Felssteinmauern begrenzt ist, die Zeug-

Steinbruch von Nave

Harte Arbeit: Bei der Korkverladung in der Serra de Monchique zählen Muskelkraft und Präzision. Portugal steht als Korklieferant weltweit an erster Stelle.

nis ablegen von einem kaum noch existierenden Handwerk.

Vorbei an duftenden Orangen und Korkeichen

Etwa bei dem Achtungzeichen biegen Sie den ersten Weg hinter einem Haus nach rechts und verlassen die Asphaltstraße. Zitronen- und Orangenbäume begrüßen Sie nun. Jetzt brauchen Sie etwas Kondition, weil es gut eine Stunde bergauf geht. Der Weg windet sich in Kurven immer höher. Sie halten sich grundsätzlich nach rechts. Nach den Zitrusplantagen führt der Weg in ein Korkeichenwäldchen. Die Nummern auf den geschälten Stämmen sagen, wann die letzte Ernte war. Neun Jahre später wird der Baum erneut geschält.

Interessantes über die Korkherstellung

Der Sandweg führt zu einer Gabelung, in deren Mitte eine schmale Korkeiche steht. Sie gehen wieder nach rechts. Der Wald duftet nun nach Eukalyptus und Pinien. Ab und an eine Mimose. Sie kommen an der Einfahrt der **Quinta Santa Bárbara** vorbei.

Der Wald hat aufgehört, Häuser tauchen auf. Sie gehen einen letzten kleinen Anstieg bis zur Asphaltstraße, die Monchique mit dem **Fóia**, dem höchsten Gipfel des Gebirges, verbindet. Sie erreichen den Andenkenladen **Artesanato Fóia Miragem**. Schräg gegenüber ist das **Restaurant Teresinha**, wo Sie beispielsweise Piripiri-Hähnchen probieren können. Entweder wandern Sie nun zurück zu Ihrem Auto, das an der Tankstelle wartet (ca. 20 Minuten), oder Sie rufen hier ein Taxi, das Sie dorthin oder zum Bus bringt (vorher nach den Abfahrtszeiten erkundigen).

Rastgelegenheit im Restaurant Teresinha

Tip: Lydia Hohenberger und Jürgen Strohmaier veranstalten Führungen ins Hinterland, um z. B. auch Handwerkern über die Schulter zu gucken.
Rua Antero de Quental, 55- II.esq., 8500 Faro
Tel. 0 89/80 73 64, Fax 80 73 61

Dauer: insgesamt ca. 3 Stunden
Karte: → Klappe vorne, ■ D 3

Dünenwanderung bei Esteveira

Ein ganz eigenes Erlebnis ist diese »windzerzauste«, einsame Tour – und sie verschafft bezaubernde Ausblicke.

Mit dem Bus fährt man bis nach **Rogil** im Nordwesten und geht auf der Hauptstraße nach **Esteveira** bis zum Ende des Asphalts. Mit dem Auto fährt man bis hier. Zu Fuß weiter biegt man links ab in Richtung der Häuser, zwischen denen man hindurchgeht. Ein dunkler Sandweg wendet sich nach links, er steigt leicht an. Nach etwa 150 Metern kommt man an einem kaum noch sichtbaren Brunnen vorbei, der sich im Gebüsch versteckt. Man folgt dem Sandpfad, der am Rand des Bachtals entlangführt. Auf der anderen Seite des Tales liegen Felder, und ein Pinienhain duftet herüber.

Karge Vorderdünenlandschaft

Eine karge Vordünenlandschaft. Wer aufmerksam schaut, entdeckt die Schichten von Ablagerungsresten und Versteinerungen. Mit Argusaugen findet man die eigenwilligsten Souvenirs: Schneckenhausabdrücke, Fischskelette, Muschelfächer.

Kap Sadão

Dann taucht das Meer auf, und im Norden fällt das **Kap Sadão** ins Auge. Man geht auf den Atlantik zu, sieht den Markstein von Esteveira. Der Bach

Sand, so weit das Auge reicht: Eine Dünenwanderung ist ein Urlaubsabenteuer, das sich kein Algarvereisender entgehen lassen sollte. Vielleicht packen Sie dazu einen Picknickkorb?

endet als kleiner Wasserfall am Strand. Auf dieser kleinen Ebene über dem Meer mag man gern verweilen, um der Sinfonie der Wellen zu lauschen, sich in der Sonne zu aalen oder seine Wünsche der am Horizont versinkenden Sonne mitzugeben...

Zurück geht es in südlicher Richtung am Rand der Felsen entlang. Das Meer brandet zur Rechten, und man schaut bis zum Horizont die Küstenlinie entlang. Ein kleiner Strand auf Resten des schwarzen Schichtgesteins taucht auf, ein Pfad führt an der Steilküste zu ihm hinunter.

Bizarre Steinformen

Faszinierend, all diese Steinformen zu betrachten: in Form geschliffen vom Atlantik, in einem endlosen Tanz herumgewirbelt, bis sie glatt und seidig waren, grau mit weißen Adern oder wie mit Bändern umwickelt.

Durch Feuchtgebiete und Schilf

Feuchtgebiete mit ungewöhnlicher Vegetation

Wieder auf dem Heimweg, wandert man an der Steilküste entlang durch Feuchtgebiete, überquert eine kleine Mulde und stößt unversehens auf ein Bachtal. Man wendet sich etwas landeinwärts und kommt durch ein Gebiet, in dem vorwiegend Schilf und – trotz Meernähe – Kakteen wachsen. Noch einmal sieht man einen weiten Strand. Jetzt geht es ins Land hinein. Man folgt am besten dem Bach. Felder tauchen auf, ein Pinienhain. Links führt ein Weg zu dem Vermessungszeichen. Das gilt nur als Merkpunkt, man wandert weiter am Rand der Felder und Pinien entlang zurück zum Ausgangspunkt.

Achtung: Bitte seien Sie auf dieser Wanderung besonders sorgsam, denn das typische Dünengebiet und Vorland ist in seiner Beschaffenheit unsicher, deshalb nur der vorgeschlagenen Route folgen und weder die Dünen direkt noch ihre Pflanzendecke beschreiten.

Dauer: 1 Stunde
Karte: → Klappe vorne, ■ B 2

Durch die Ostalgarve

Eine hübsche Wanderung rund um Odeleite mit wunderbaren Aussichten. Und wen stören schon nasse Füße...

Odeleite

Ribeira de Odeleite

Etwa sieben Kilometer wandern Sie an Bächen und Feldern entlang. Bis **Odeleite**, nördlich von Vila Real de Santo António gelegen, bringt Sie der Bus. Durchqueren Sie den Ort, immer abwärts in Richtung Kirche. Sie treffen die Straße, die direkt zur Kirche führt, aber Sie gehen weiter abwärts, bis Sie an den Ribeira de Odeleite kommen, einen Seitenarm des Rio Guadiana. Hüpfen Sie über kleine Betonsäulen, die eine Überquerung der Furt erleichtern. Am anderen Ufer wandern Sie durch einen Orangenhain und steigen aufwärts auf einem Weg über die Hügel. Von oben bietet sich eine schöne Aussicht.

Oben auf dem Hügel treffen Sie auf die Landstraße und biegen links ab in Richtung Alcaria (Asphaltstraße). Gleich nach dem Ort bei Kilometer 3 verlassen Sie die Straße und biegen in den linken Weg ein. Es geht abwärts bis zur Weggabelung, dort nach links. Sie gehen am Bach zwischen Feldern entlang durch eine wunderschöne Landschaft. Zum Schluß ziehen Sie Ihre Schuhe und Strümpfe aus und waten barfuß durch die Furt, um am anderen Ufer wieder in Odeleite anzukommen. Genießen Sie dieses erfrischende Vergnügen, und fühlen Sie sich dabei ein bißchen wie in fernen Kindertagen ...

Dauer: 3 Stunden
Karte: → Klappe hinten, ■ L3

Lagunen- und Inselwanderungen

Zwischen Olhão und Fuseta kann man je nach Gezeitenplan die Lagunenlandschaft durchqueren.

TOPTEN 5

Ein schmaler Wasserlauf (Priel) führt bei Ebbe an bewachsenen Sandbänken vorbei auf die **Insel Armona**. Hier warten auf Sie Dünenketten, ein langer, weißer Sandstrand, wunderschöne Muscheln und wenige Touristen. Auf festem Sandboden waten Sie durch die Lagunen. Sie schauen dem Reiher und Stelzenläufer zu, entdecken den Sodomsapfel und die Strandnarzisse. Nach etwa einer halben Stunde erreichen Sie Armona. Bis zum Anleger der Fähre, die Sie aufs Festland zurückbringt, wandern Sie ca. eine Stunde (auch andere Routen möglich).

Interessante Flora und Fauna in den Lagunen

Dauer: ca. 4 Stunden (Wandern, Baden, Muschelsammeln, Picknick)
Preis: Erwachsene 2000 Esc., Kinder von 6–12 Jahren die Hälfte, bis 5 Jahre frei
Anmeldung: Margarethe Lierse, Casa Laguna, Bias do Sul 49-B, P-8700 Olhão, Tel. 0 89/79 33 06 und 09 31/9 72 46 42

Von Culatra nach Farol

Sie fahren von Olhão mit dem Schiff nach Culatra, das dauert etwa eine halbe Stunde. Inselwanderung von etwa 1,5 Stunden, baden, sonnen. Abendessen im Restaurant am Leuchtturm (Farol) und Rückkehr zum Festland bei Sonnenuntergang (abends an wärmere Kleidung denken, es windet und wird kühler).

Dauer: ca. 6 Stunden
Preis: 2500 Esc., gleiche Konditionen und Anmeldung wie oben
Karte: → Klappe hinten, ■ H 6/I 6

Am Grenzfluß entlang

Diese ausgedehnte Wanderung ist zehn Kilometer lang und führt am Rio Guadiana entlang, dem Fluß, der Portugal und Spanien trennt.

Azinhal

Mit dem Bus oder einem Pkw fährt man auf der alten Römerstraße etwa zwölf Kilometer nördlich von **Castro Marim** nach **Azinhal** (EN 122). Der Bus hält vor einem Café im Zentrum des Ortes. Sie gehen in Richtung Kirche, lassen sie aber links liegen. Für eine Weile ist der Weg asphaltiert bis kurz hinter dem Friedhof.

Kargheit und Charme

Eine karge Landschaft umgibt Sie, links ein geodätischer Markstein. An der nächsten Weggabelung biegen Sie nach rechts. Der Hauptweg führt auf einen Bach zu. Sie biegen nach links bei der nächsten Weggabelung. Dieser Weg ist von Bäumen gesäumt und schlängelt sich hübsch zwischen Hügeln hin.

Spanien schaut herüber

Zollwache

Sie entdecken eine Häusergruppe am Bachrand. Dort ist die **Zollwache**. Nun gehen Sie ein biß-

Der Grenzfluß Guadiana fließt vom trockenheißen Alentejo bis an die subtropische Algarveküste.

chen nach rechts und befinden sich fast am Ufer des Guadiana. Von der anderen Seite schaut Spanien herüber.

Im Mündungsgebiet

Der Grenzfluß mündet in Vila Real de Santo António in den Atlantik, er hat also Süß- und Meerwasser und durch die Gezeiten einen unterschiedlichen Wasserspiegel. Die Pflanzen, die das Flußufer säumen, sind niedrig und nicht gerade üppig. Dafür begegnen Ihnen wahrscheinlich Störche, auch schwarze, und Kuhreiher. Sicher finden Sie hier am Fluß ein Plätzchen, das Ihnen zum Picknicken gefällt. Die leichte Brise, die vom Meer über den Guadiana zieht, erfrischt. Etwas entfernt vom Fluß sehen Sie Häuser und Korkeichen auf einem Hügel. Sie bleiben weiter am Fluß, bis Sie ein verfallenes Haus auf einer Anhöhe entdecken. Dort führt ein Pfad um einen Felsen herum und wieder zurück zum Wasser. Nun entfernt sich der Weg vom Fluß; bei einer Gruppe von Mandelbäumen verläßt man ihn und nimmt den Weg nach rechts, der nun bergan steigt.

Heimwärts

Die nächste Weggabelung ist die, an der Sie zu Beginn Ihrer Tour nach links abgebogen sind. Die letzte Strecke kennen Sie schon, sie führt Sie zurück nach Azinhal, wo Ihr Bus oder Auto wartet.

Dauer: ca. 5 Stunden
Karte: → Klappe hinten, ■ L 3

Fast zu schön, um aufgegessen zu werden: Kürbisse in leuchtenden Rot- und Gelbtönen türmen sich zur Erntezeit am Straßenrand.

Auskunft

In der Bundesrepublik Deutschland
Portugiesisches Touristikamt
Schäfergasse 17
60329 Frankfurt/Main
Tel. 0 69/23 40 94/97, Fax 23 14 33

In Österreich
Portugiesisches Tourismusamt
Stubenring 16
1010 Wien
Tel. 01/5 13 26 70, Fax 5 12 88 28

In der Schweiz
Portugiesisches Tourismusamt
Badenerstr. 15
8004 Zürich
Tel. 01/2 41 00 01, Fax 2 41 00 12

In Portugal
Região de Turismo do Algarve (Hauptsitz)
Av. 5 de Outubro, 18
8002 Faro Codex
Tel. 0 89/80 04 00, Fax 80 04 89

Banken

Geöffnet Mo-Fr 8.30–15 Uhr. Zum Wechseln von Reise- und Eurocheques benötigt man Paß oder Ausweis. Der Wechselschalter heißt **cámbios**. Die Flughafenbank wechselt auch Sa und So bis 20 Uhr. Alle größeren Banken haben Geldautomaten.

Bevölkerung

Die Landbevölkerung der Algarve lebt nach dem Kalender. Vor dem ersten Winterregen werden die dicken Bohnen gesät; geerntet wird im Frühling, wenn die Kartoffeln in die Erde kommen. Im Sommer klappern die Bambusstangen in den Mandel- und Johannisbrotbäumen, um die Früchte herunterzuschlagen, die von Frauen eingesammelt werden. Harte und fröhliche Arbeit ist die **vindima**, die Weinernte, die im Oktober beendet ist. Der Kalender regelt nicht nur die Pflanz- und Erntezeiten, er bestimmt auch die Feste – nämlich dann, wenn nichts anderes zu tun ist. Die großen, noblen Familien, die durch Jahrhunderte das

70 Prozent der Portugiesen leben heute noch in ländlichen Gemeinden.

Land beherrschten, sind alle noch da – und sie bleiben unter sich. Ihre Treffen werden festgehalten in Bildreportagen des »Casa e Jardim« oder in »Olá«, der Beilage des Wochenmagazins »Semanário«.

Camping

Die meisten Campingplätze (**campismo**) sind gut ausgestattet. Wildes Campen ist verboten.

Auskünfte
Federação Portuguesa de Campismo
Rua da Voz do Operário, 1
1000 Lisboa 2
Tel. 01/8 86 23 50

Diplomatische Vertretungen

Botschaft der Bundesrepublik Deutschland
Campo dos Mártires da Pátria, 38
1100 Lisboa
Tel. 01/8 81 02 10

Honorarkonsulat der Bundesrepublik Deutschland
■ a 2, Umschlag Rückseite
Av. da República, 166–4. dto.
8000 Faro
Tel. 0 89/80 31 48 und 80 31 81
Fax 0 89/80 13 46

Österreichische Botschaft
Rua das Amoreiras, 70–73
1200 Lisboa
Tel. 01/3 95 82 20

Schweizer Botschaft
Travessa do Patrocinio, 1
1300 Lisboa
Tel. 01/3 97 31 21/22

Fado/Folklore

Fado ist eine urportugiesische Musikart mit arabischen Anklängen, die für Mitteleuropäer fremd klingt. Der Weltschmerz, der darin ausgedrückt wird, überträgt sich auch auf den, der die Worte nicht versteht. Original können Sie ihn in Lissabon hören, zum Hineinschnuppern tun es auch die Fadoabende der Algarve.

Viele Hotels haben Fado und/oder Volkstanzveranstaltungen der Rancho Folclóricos an bestimmten Abenden der Woche. Erkundigen Sie sich bitte beim Hotelportier oder im Tourismusbüro. Es wäre schade, so eine Gelegenheit zu verpassen.

Feiertage

1. Jan.	Ano Novo, (Neujahr)
März	Pascoa, (Ostern)
25. April	Dia da Liberdade (Nelkenrevolution)
1. Mai	Dia Internacional do Trabalhador (Tag der Arbeiter)
Mai	Corpo de Deus (Fronleichnam)
10. Juni	Dia de Portugal, dem Dichter Camôes gewidmet
15. Aug.	Assunção da Nossa Senhora (Mariä Himmelfahrt)
5. Okt.	Dia da República
1. Nov.	Todos-os-Santos (Allerheiligen)
1. Dez.	Restauração Portuguesa, Tag der Restauration Portugals (1640 war das Ende der Personalunion mit Spanien)
8. Dez.	Imaculada Conceição da Nossa Senhora (Mariä Unbefleckte Empfängnis)
25. Dez.	Dia de Natal

Fernsehen

Vier portugiesische Programme strahlen Sendungen aus. Ausländische Beiträge werden im Originalton mit Untertiteln gesendet. Viele Hotels haben Satellitenfernsehen, auch deutsche Programme.

FKK

Nacktbaden ist nicht erlaubt, am Galéstrand bei Albufeira wird es geduldet.

Fotografieren

Sie können überall den Schnellentwicklungsdienst in Anspruch nehmen. Grundsätzlich aber ist es billiger, Filme mitzubringen und sie zu Hause entwickeln zu lassen.

Geld

Der portugiesische **Escudo** (Esc.) wird als Kürzel ähnlich dem US-Dollar dargestellt und ist in 100 **Centavos** unterteilt. 1000 Esc. werden auch ein **Conto (um conto)** genannt. Es gibt Münzen zu 1, 2 1/2, 10, 20, 50, 100, 200 Esc. Scheine sind zu 500, 1000, 2000, 5000 und 10 000 Esc. im Umlauf.

Der Wechselkurs unterliegt Schwankungen. Banken erheben eine Gebühr von bis zu 1000 Esc. beim Geldwechsel. Es ist günstiger, in Portugal zu wechseln und sich nur etwa 100 DM in Escudos für Taxi etc. mitzubringen. Beim Postsparbuch entstehen keine Gebühren.

Reiseschecks und **Eurocheques** werden von Hotels und Geschäften akzeptiert. Eurocheques können Sie bis zu einer Höhe von 35 000 Esc. ausstellen. Visa ist die beliebteste Kreditkarte.

Devisen dürfen in unbegrenzter Höhe ein- und ausgeführt werden.

Wechselkurse

P	D	CH	A
Escudos	Mark	Franken	Schilling
50	0,50	0,42	3,50
100	1,00	0,83	7,00
200	2,00	1,66	14,00
500	5,00	4,15	35,00
1 000	10,00	8,30	70,00
1 500	15,00	12,45	105,00
2 000	20,00	16,60	140,00
5 000	50,00	41,50	350,00
7 500	75,00	62,25	525,00
10 000	100,00	83,00	700,00
15 000	150,00	124,50	1050,00
30 000	300,00	249,00	2100,00
50 000	500,00	415,00	3500,00

Nebenkosten*
(umgerechnet in DM)

1 Tasse Kaffee (bica)	
– im Landesinneren	0,70
– in Touristenzentren	1,80
1 Bier	ca. 1,50
1 Cola	1,25
1 Flasche Landwein	4,00
1 Brot (ca. 500g)	1,75
1 Schachtel Zigaretten	ca. 3,50
1 Liter Benzin	1,68
Buskarte (ca. 12 km)	2,70
Mietwagen/Woche	300,00–370,00

*Stand: Januar 1999

Die Ausfuhr von portugiesischer Währung ist dagegen auf 50 000 Esc. beschränkt.
Jederzeit kann man mit einer EC-Karte Geld an den Multibanco-Automaten ziehen.

Internet

In Vorbereitung befindet sich ein Portugal-Spektrum, in dem alle möglichen Informationen auch für Touristen im World Wide Web – Internet – gespeichert werden, und zwar in drei Sprachen: deutsch, englisch, portugiesisch. Netzadresse: www.portugal-info-com.

Jugendherbergen

Pousada da Juventude
Neuere Jugendherbergen gibt es bei Portimão mit Pool, Liegewiese und Billardraum.

Lugar do Cocam
Maravilhosas, Portimão
Tel. 0 82/8 57 04

In Lagos ■ b 3,S. 53
Rua Lançarote de Freitas, 50
Tel. 0 82/76 19 70

Allgemeine Auskünfte
Deutsches Jugendherbergswerk
Bülowstr. 26
Postfach 220
32756 Detmold 1
Tel. 0 52 31/7 40 10

Associação Portuguesa de Pousadas da Juventude
Rua Andrade Corvo, 46
1000 Lisboa
Tel. 01/4 42 31 85

Centro de Informação da Juventude
Rua da PSP
8000 Faro
Tel. 0 89/80 36 56

Kleidung

Auch in Portugal gibt's keinen ewigen Sommer. Abends brauchen Sie manchmal eine Strickjacke oder einen Pullover. Wenn Sie eine Kirche besuchen wollen, tauschen Sie bitte Ihre Strandkleidung gegen etwas Angezogeneres aus. Im Winter kann es regnen. Und da viele Ferienhäuser keine Heizung haben, ist in den Monaten von November bis Februar auch Kleidung aus Wolle nützlich – dazu gehören auch Wollsocken.

Medizinische Versorgung

Urgência (Notfallaufnahme)
ist immer geöffnet.
Ambulanz, Tel. 1 12

Distrikt-Hospital Faro
nördlich ■ b 2, Umschlag Rückseite
Rua Leão Penedo
Tel. 0 89/80 34 11/15/18

Casa de Saúde Santa Maria, Faro
■ a 1, Umschlag Rückseite
Privatkrankenhaus (man spricht Englisch)
Largo Luís de Camões, 11
Tel. 0 89/80 21 06/7, Fax 80 39 58

Distrikt-Hospital Portimão
Avenida Boavista – Praia do Vau
Tel. 0 82/41 34 00

Privatkrankenhaus, Portimão
Estrada do Alvor
Tel. 0 82/4 20 42 00

Distrikt-Hospital Lagos ■ c 3, S. 53
R. Castelo Governadors
Tel. 0 82/76 30 34, Fax 76 28 04/6

Deutschsprechende Ärzte
Clinica Dentaria ■ b 2, S. 53
Rua Marreiros Netto, 9
Lagos
Tel. 0 82/76 35 70

Norbert Krupp ■ K 5
Zahnarzt
Vila Nova de Cacela (bei Tavira)
Tel. 0 81/95 10 87

Dr. Rudolf Mathias ■ D 3
Prakt. Arzt
Largo da Misericórdia/Monchique
Tel. 0 82/91 28 65 (nachmittags)

Dr. N.A. de Melo ■ F 5
Prakt. Arzt
Vale de St. Maria, Bl. G–C Albufeira
Tel. 0 89/51 28 78

Dr. Frieder Nicolay ■ B 5
Prakt. Arzt, Akupunktur
Luz/Lagos
Tel. 0 82/76 29 02

Dr. Peter Pertl ■ D 5
Prakt. Arzt
Monte de Carvoeiro
Praia do Carvoeiro/Lagoa
Tel. 0 82/35 77 20

Dr. Wilhelmine Raff ■ C 5
Prakt. Ärztin, Akupunktur, Naturheilverfahren
Rua Gil Eandes, 19/Lagos
Tel. 0 82/76 17 46

Dr. Christel Schluender
→ S. 45

Heinz Saxs ■ G 5
Chiropraktiker und Masseur
Anmeldung über Vale do Lobo
Barrington-Club
Tel. 0 89/39 44 44

Dr. Bianca Többen ■ E 5
Naturheilverfahren
Armação de Pera
Tel. 0 82/31 01 12

Apotheken heißen **farmácia.** Öffnungszeiten: 9–13 und 15–19 Uhr. Nacht- und Sonntagsdienst wird im Fenster angezeigt.

Notruf

Polizei und Ambulanz
Tel. 1 12 (kostenlos)

Nursing Service
Tel. 0 89/39 73 85 (englisch)

S.O.S. Tierarzt
Tel. 0 89/41 57 86

Polizei

Die **Polícia** hat in Portugal viele Unterabteilungen. Wichtig sind für Urlauber nur drei: Stadtpolizisten (auch weiblich), die eine graue Uniform mit dem Stadtwappen am Ärmel und Halbschuhe tragen. Ihre Abteilung heißt **Polícia de Segurança Pública (PSP)**. Sie zeigen kein Erbarmen bei Parksündern und bitten zur Kasse, außerdem regeln sie in den Städten den Verkehr. Wenn man etwas wissen will, kann man sie fragen, sie geben gern Auskünfte, sprechen aber selten etwas anderes als Portugiesisch. Auf dem Lande sind Polizisten noch etwas altmodisch angezogen. Selbst im Sommer tragen sie ordentliche Stiefel und Gamaschen, ihre Mütze ziert ein grüner Streifen. Sie fahren im Jeep, manchmal kommen sie aber auch hoch zu Pferde. Diese Herren tun Dienst bei der **Guarda Nacional Republicana (GNR)**. Eine schicke Sondereinheit der GNR fährt in modernen, weißen Autos oder auf schweren Motorrädern: die **Brigada de Transito**, Verkehrsbrigade. Sie stehen mit nicht sichtbaren Handradargeräten am Straßenrand und stoppen Temposünder, kontrollieren den Alkoholspiegel und sprechen oft englisch, französisch oder deutsch.

Post

Correio oder **CCT** steht über den Postämtern. Die portugiesische Post ist nicht die schnellste: **Briefe** nach und von Deutschland dauern ca. fünf Tage. **Telexe** kann man in Faro und Portimão aufgeben, fast alle Ämter haben **Telefax**. Die Post am Flughafen, in Faro, Almansil, Loulé und Portimão hat auch am Samstagmorgen geöffnet. Zur schnelleren Postbeförderung gibt es **Correio Azul**, auch mit eigenen Briefkästen. Empfehlenswert. **Briefmarken** heißen **selos**. Sie werden auch im Hotel verkauft. Die Gebühr ändert sich häufig, im Sommer 1998 kostete ein Brief oder eine Postkarte innerhalb Portugals 50 Esc. innerhalb Europas 85 Esc. Nicht-EU: Europa 100 Esc. und Übersee: 140 Esc.

Länderauszeichnungen
Deutschland–Alemanha;
Österreich–Austria;
Schweiz–Suiça.

Telegramme sind teuer! Wenn Sie eines bekommen, wird es nicht gleich ausgetragen!
Postlagernde Sendungen sind an das entsprechende Postamt zu schicken mit dem Vermerk **Posta restante**. Zum Abholen ist der Paß oder Ausweis nötig.

Reisedokumente

Sie benötigen zur Einreise einen gültigen Personalausweis.

Reisewetter

Die Algarve hat subtropisches Klima: heiße Sommer, aber mit angenehm kühleren Nächten. Tagestemperatur im Winter um 18 Grad, nachts bis etwa 5 Grad. Besonders schön ist der Mai. Dann blüht und duftet die Algarve, und es ist noch nicht zu heiß. Juli, August und September sind voll, denn zu den Urlaubern aus anderen Ländern kommen die

Die genauen Klimadaten von **Faro**

	Januar	Februar	März	April	Mai	Juni	Juli	August	September	Oktober	November	Dezember
Durchschnittl. Temp. in °C – Tag	15,3	16,1	17,5	19,7	21,9	25,2	28,2	28,2	25,7	22,4	18,9	16,2
Durchschnittl. Temp. in °C – Nacht	9,0	9,5	11,1	12,5	14,4	17,5	19,5	19,9	18,6	15,7	12,6	9,8
Sonnenstunden pro Tag	4,9	6,0	6,6	9,1	10,8	11,2	12,5	11,8	8,6	7,4	5,4	6,0
Regentage	7	6	8	5	3	1	0	0	2	4	7	7
Wassertemp. in °C	15	15	15	16	17	18	19	20	20	19	17	16

eigenen Feriengäste, viele Betriebe schließen komplett im August. Angenehm ist es im Oktober, wenn der erste Regen gefallen ist, dann beginnt sich die Natur wieder zu regenerieren, und der Staub des fast afrikanischen Sommers ist abgewaschen. Meistens ist der Dezember klar und sonnig. November und Februar können sehr feucht und windig sein.

Religion

Portugal ist ein katholisches Land, wobei im Norden der Glaube offensichtlich mehr praktiziert wird als im Süden. Die Messen an der Algarve werden gewöhnlich von Frauen besucht, während ihre Männer sich vor der Kirche mit anderen Männern zum Klönen treffen. Es gibt in Valè do Judeu (zwischen Albufeira und Almansil) jeden Sonntagmorgen einen ökumenischen Gottesdienst. Carvoeiro hat einen deutschen protestantischen Pastor, der sonntags um 18 Uhr in der Kapelle über dem Meer predigt.

Rundfunk

Sie können mit einem Weltempfänger die Deutsche Welle und Österreich International hören. Wer Klassik liebt: Antenna 2 liefert es den ganzen Tag. Radio Nostalgia sorgt für sentimentale Erinnerungen.

Sprache

Die portugiesische Sprache hat viele Nasal- und Zischlaute, deshalb klingt sie manchmal wie eine slawische Sprache. Der Klangcharakter ist eher weich und melodisch ohne die harten Konsonantenhäufungen wie im Spanischen. Oft werden Worte zu Gruppen zusammengezogen, was das Verstehen nicht unbedingt erleichtert. Die Betonung der Wörter liegt gewöhnlich auf der vorletzten Silbe. Abweichende Tonstellen bekommen ein Akzentzeichen. Wortschatz und Grammatik stammen überwiegend aus dem Lateinischen; es sind aber auch relativ viele arabische Wörter in den Sprachgebrauch eingeflossen.

Stromspannung

Sie beträgt 220 Volt.

Telefon

Sie können überall dort telefonieren, wo ein **Correio/CCT** hängt, auf Postämtern, in Telefonzellen, Cafés und Hotels (höhere Gebühren). Auf der Post zahlen Sie 15 Esc. für eine Fernsprecheinheit. Ferngespräche lassen sich auch aus einer Telefonzelle führen, die mit **internacionais** gekennzeichnet ist. Die meisten Zellen sind für **credifon**-Karten ausgerüstet; es gibt sie für 750 Esc. in der Post, am Kiosk oder im Laden in der Nähe. Das Mobiltelefonnetz ist gut ausgearbeitet, ein Handy zu haben gilt auch in Portugal als »in«. Sie können unter der Nummer 0 90 R-Gespräche anmelden (**collected call)** oder im Direkt-Dienst 0 50/5 00 -49 (Deutschland) und 0 50/5 00 -43 (Österreich). Das klappt auch von öffentlichen Fernsprechern.

Vorwahlen
D, A, CH → Portugal: 0 03 51
Portugal → D 00 49
Portugal → A 00 43
Portugal → CH 00 41

Inlandsgespräche
In der Algarve gibt es drei Vorwahlnummern,
westlich von Albufeira: 0 82
von Albufeira bis Fuseta: 0 89
östlich von Fuseta: 0 81
Die Vorwahl für Lissabon: 01

Telefonauskunft Inland: 1 18
Ausland: 0 98
Gespräche zwischen 21.00 und 8.00 Uhr am Wochenende und an Feiertagen sind billiger!

Tiere

Um Tiere mit in den Urlaub zu nehmen, brauchen Sie ein amtstierärztliches Gesundheitszeugnis und den Nachweis der Tollwutimpfung.

Trinkgeld

Grundsätzlich ist es im Preis enthalten. Portugiesische Gehälter sind sehr niedrig; nach einer Studie des Deutschen Wirtschaftsinstituts liegt Portugal mit einem Durchschnittslohn von umgerechnet DM 7,88 pro Stunde von 20 Ländern an niedrigster Stelle. Und die Kosten steigen. Deshalb zeigen Sie, wenn es Ihnen gut geschmeckt hat oder der Service ausnehmend freundlich war, Ihr Dankeschön durch ein gutes Trinkgeld.

Wandern

Gute Vorschläge enthält der Goldstadt Wanderführer ALGARVE von Dr. Deumling.

Wirtschaft

Portugal exportiert Portwein, Kork, Ölsardinen und Textilien. Jetzt hat es ein neues, starkes Standbein bekommen: die Produktion von Großraumlimousinen. AutoEuropa, Joint Venture von Ford und Volkswagen, gebührt der Ruhm, »Portugals größter Industriebetrieb zu sein, der größte Investor und der größte Exporteur«, wie sein Manager bekennt. 119 042 Großraumlimousinen rollten 1997 aus dem Werk, 40 km von Lissabon entfernt. 3900 Beschäftigte hat die Autofabrik, Durchschnittsalter 27 Jahre. Hinzu kommen 1800 Arbeiter von Fremdfirmen und die Mitarbeiter von Zulieferern, die im nebenliegenden Industriepark angesiedelt sind. Gekostet hat das Werk vier Milliarden Mark. Rund ein Viertel kam aus den Töpfen der EU und des portugiesischen Staates. Das Werk gehört zu je 50 Prozent Ford und VW. 98 Prozent der Produktion werden exportiert. Dadurch sorgte AutoEuropa für zehn Prozent der nationalen Ausfuhren. Die meisten Autos gehen nach Deutschland. Portugiesische Autoteilhersteller haben durch dieses Werk viel gelernt, sagt Portugals Wirtschaftsminister. Das wird auch künftigen Projekten im Land zugute kommen.

Zeitungen

Fast alle deutschen Illustrierten sind zu haben, dazu die großen Tageszeitungen. An der Algarve liegen in Geschäften oder Restaurants die deutschen Informationsblätter »Entdecken Sie Algarve«, »Extrablatt« und »Bom dia, Portugal« aus.

Zeit

Die Zeitdifferenz zu Deutschland beträgt minus eine Stunde. 8 Uhr in Portugal ist 9 Uhr in Deutschland.

Zoll

Für Portugal sind, wie für die anderen Mitgliedsländer der Europäischen Union, die Einfuhrbeschränkungen innerhalb der EU entfallen. Nach wie vor gibt es Sicherheitskontrollen an den Grenzen. Für Schweizer sowie für den Duty-free-Einkauf gelten folgende Mengenbeschränkungen: 2 l Wein, 1 l Spirituosen, 200 Zigaretten oder 50 Zigarren, Souvenirs im Gesamtwert bis 200 sFr.

Die Vorgeschichte Portugals reicht zurück bis in die Altsteinzeit, etwa bis 10 000 v. Chr. Aber erst im 12. Jh. gründeten Portugiesen einen unabhängigen Nationalstaat. Bevor es soweit war, eroberten Römer das Land. Ihre Herrschaft dauerte etwa 500 Jahre. Um 410 kamen Germanen, um 600 breiteten sich Westgoten aus. 711 war ihr Schicksal besiegelt, denn die Araber eroberten in Windeseile große Teile der Iberischen Halbinsel.

Bald wurde Widerstand wach, neue selbständige Königreiche bildeten sich. Das wichtigste Königreich war das Haus León in Nordportugal. Von hier begann die Reconquista, die Rückeroberung der von Mauren besetzten Gebiete. Bis 850 war Mittel- und Nordportugal maurenfrei, nur die Algarve blieb unter arabischer Herrschaft.

1143
Die Grafschaft Portucale wird als Königreich anerkannt, damit wird Portugal geboren.

1128–1385
Die Burgunden herrschen im neuen Staat.

1250
Die letzten Mauren werden unter Alfonso III. besiegt.

1267
Im Vertrag von Badajoz wird die Grenze zwischen Spanien und Portugal festgelegt. Sie ist bis heute so geblieben. Damit gehört Portugal zu den ältesten Staaten Europas.

1415–1560
Das kleine portugiesische Volk wird zum Vorreiter der großen Entdeckungen. Portugal steigt zur Weltmacht auf.

1415
Heinrich der Seefahrer gründet die Seefahrerschule in Sagres.

1488
Bartolomeus Diaz umrundet die Südspitze Afrikas, das Kap der Guten Hoffnung. Portugiesen segeln nach Indien und China.

1495–1521
Nie wieder war Portugal so mächtig und wohlhabend wie unter der Herrschaft von Manuel I.

1500
Brasilien, später Portugals größte Kolonie, wird entdeckt; Portugal wird reich: Afrika liefert Gold, Asien Gewürze.

2. Hälfte des 16. Jh.
Portugal verliert einige afrikanische und asiatische Besitzungen. Es bleiben Schwarzafrika und Brasilien.

1578
Katastrophe in Ceuta: Der Feldzug gegen die Araber endet mit 60 000 toten Kriegern, Portugals größte Niederlage.

1580
Die Spanier brechen ins geschwächte Nachbarland ein und besetzen es. Philipp II. von Spanien macht seinen Thronanspruch geltend.

1668
Erfolgreicher Aufstand gegen Spanien, Gewinnung der Unabhängigkeit. Der Herzog von Bragança wird zum König gewählt. Neue Dynastie, die sich bis 1910 hält, als Manuel II. gewaltsam gestürzt wird.

1755
Großes Erdbeben zerstört Lissabon und viele algarvische Städte.

1807
Die Streitkräfte Napoleons besetzen Portugal. Der König flieht mit seinem Hof nach Brasilien.

1811
Britische Truppen zwingen die Franzosen zum Rückzug.

1820
Die Engländer, denen sich Portugal politisch und wirtschaftlich angeschlossen hatte, werden vertrieben. Eine liberale Verfassung, die dem Bürger mehr Mitspracherechte gibt, wird geschaffen.

1910
Revolution, König Manuel II. dankt ab. Die Inflation galoppiert, der Staat ist verschuldet.

1916
Krieg gegen Deutschland, widerwillig, aber von England genötigt. Die Republik erfüllt nicht die Erwartungen. In 16 Jahren Republik gibt es etwa 50 Regierungen. Das Militär putscht. Eine Militärregierung folgt.

1926
Nach mehreren vergeblichen Versuchen endet ein Militärputsch diesmal erfolgreich; die zivile Regierung wird entmachtet.

1928
António de Oliveira Salazar wird Finanzminister. Der Nationalökonom begründet eine Diktatur, die sich fast 50 Jahre hält.

1932
Salazar wird Ministerpräsident. Neue Verfassung. Es gibt von Beginn an eine Opposition gegen ihn.

1939–1945
Portugal bewahrt im Zweiten Weltkrieg Neutralität.

1949
Portugal wird Nato-Mitglied.

1968
Salazar stirbt. Marcello Caetano, langjähriger Mitarbeiter Salazars, wird Ministerpräsident.

1974
Durch die »Bewegung der Streitkräfte« wird die Regierung am 25. April in der sogenannten »Nelkenrevolution« gestürzt.

1975
Revolutionsrat (nur Militärs) als Führungsgremium. Verstaatlichung der Wirtschaft und Agrarreform.

1976
Erste demokratische Verfassung.

1978
Neue Koalitionsregierung zwischen Sozialisten und dem Demokratisch-Sozialen Zentrum mit Mário Soares als Regierungschef.

1985
Aufnahme Portugals in die EG.

1987
Erste Mehrheitsregierung, rechtsliberal, unter Cavaco Silva.

1989
Im Zuge einer Verfassungsänderung werden sozialistische Bestimmungen aufgehoben.

1991
Cavaco Silva wird wiedergewählt.

1996
António Guterres (PS) löst Silva ab. Staatspräsident: Jorge Sampaio.

Wichtige Wörter und Ausdrücke

Ja	*sim*
Nein	*não*
Bitte	*por favor/se faz favor*
Danke	*obrigado/a (Frauen sagen: obrigada)*
Und	*e*
Wie bitte?	*como?/como disse?*
Ich verstehe nicht	*não comprende/ não percebe*
Entschuldigung	*desculpe/peço desculpa!*
Guten Morgen	*bom dia*
Guten Tag	*bom dia (nach 13 Uhr: boa tarde)*
Guten Abend	*boa tarde (spät: boa noite)*
Hallo	*olá*
Ich heiße...	*sou.../o meu nome é...*
Ich komme aus...	*venho de...*
Wie geht's?	*como vai?/como está?*
Danke, gut	*bem, obrigado*
Wer, was, welcher	*a quem, o quê, qual*
Wieviel	*quanto*
Wo ist	*onde está/onde é*
Wann	*quando*
Wie lange	*quanto tempo*
Ich möchte	*queria/gostaria*
Sprechen Sie deutsch?	*fala alemão?*
Auf Wiedersehen	*até logo*
bis gleich (unter Freunden)	*tchau*
bis wir uns wiedersehen	*até à vista*
(wenn der Abschied endgültig ist)	*adeus*
Heute	*hoje*
Morgen	*amanha*

Zahlen und Wochentage

eins	*um*
zwei	*dois*
drei	*trés*
vier	*quantro*
fünf	*cinco*
sechs	*seis*
sieben	*sete*
acht	*oito*
neun	*nove*
zehn	*dez*
hundert	*cem*
fünfhundert	*quinhentos*
tausend	*mil*
zweitausend	*dois mil*
fünftausend	*cinco mil*
zehntausend	*dez mil*

Montag	*segunda-feira*
Dienstag	*terca-feira*
Mittwoch	*quarta-feira*
Donnerstag	*quinta-feira*
Freitag	*sexta-feira*
Samstag	*sábado*
Sonntag	*domingo*

Mit und ohne Auto unterwegs

Wie weit ist es nach...	*quantos minutos/ quilómetros ainda faltam para...*
Wie kommt man nach...	*por favor, podia dizer-me o caminho/ a direcção para...*
Wo ist...	*onde é...*
– die nächste Werkstatt	*– a próxima oficina*
– der Bahnhof	*– a estação de caminho ferro*
– der Busbahnhof	*– caminho de autocarro*
– die nächste Busstation/ U-Bahn	*– o próximo paragem de autocarro/metro*
– der Flughafen	*– o aeroporto*
– die Touristeninformation	*– posto de turismo*
– die nächste Bank	*– o próximo banco*

– die nächste Tankstelle	*– a próxima bomba de gasolina*
Wo finde ich...	*onde está / onde posso encontra...*
– einen Arzt	*– um médico*
– eine Apotheke	*– uma farmácia*
Bitte volltanken!	*cheio, se faz favor!*
Normalbenzin/ Super/bleifrei/Diesel	*gasolina/super/ sem chumbo/ gasóleo*
rechts/links/ geradeaus	*à direita/à esquerda/em frente*
Ich möchte ein Auto/Fahrrad mieten	*queria alugar um carro/uma bicicleta*
Wir hatten einen Unfall	*tivemos um acidente*
Eine Fahrkarte nach... bitte	*um bilhete para... se faz favor!*
Ich möchte ... DM in Escudos wechseln	*queria trocar ... DM em Escudos*

Übernachtung

Ich suche ein Hotel	*procuro um hotel*
Ich suche ein Zimmer für ... Personen	*queria um quarto para...*
Haben Sie Zimmer frei?	*ainda tem quartos?*
– für eine Nacht	*– para uma noite*
– für zwei Tage	*– para dois dias*
– für eine Woche	*– para uma semana*
Ich habe ein Zimmer reserviert	*mandei reservar um quarto*
Wieviel kostet das Zimmer?	*quanto custa o quarto?*
– mit Frühstück	*– com pequeno almoço*
– mit Halbpension	*– com meia pensão*
Kann ich das Zimmer sehen?	*poderia mostra-me o quarto? posso ver o quarto?*
Ich nehme das Zimmer	*queria o quarto*
Kann ich mit Kreditkarte zahlen?	*posso pagar com cartão?*
Wecken Sie mich um acht	*acorde-me ás oito, se faz favor*
Haben Sie noch Platz für ein Zelt/einen Wohnwagen?	*ainda tem um lugar para uma tenda/ para uma caravana?*

Restaurant

Die Speisekarte bitte	*a ementa, se faz favor*
Die Rechnung bitte	*a conta, se faz favor*
Ich hätte gern einen Kaffee	*queria um café*
– Espresso	*– uma bica café com leite*
– Milchkaffee	*– galão*
Wo finde ich Toiletten?	*onde está a casa de banho?*
Kellner/in (oder nur)	*o senhor/a senhora (se faz favor)*
Frühstück	*pequeno almoço*
Mittagessen	*almoço*
Abendessen	*jantar*

Einkaufen

Wo gibt es...	*onde posso comprar...*
Haben Sie...	*onde há tem...*
Wieviel kostet das?	*quanto custa?*
Es ist zu teuer	*e muito caro/é caro demais*
Geben Sie mir bitte 100 Gramm/ein Pfund/ein Kilo	*cem gramas, se faz favor/o meio qulo/ um quilo*
Danke, das ist alles	*obrigado/a é tudo*
geöffnet	*aberto*
geschlossen	*fechado*
Bäckerei	*padaria*
Lebensmittelgeschäft	*minimercado/ supermercado*
Markt	*mercado*

A

abóbora: Kürbis
açorda: Eintopf aus Fleisch, Wurst und Gemüse Kann auch mit Fisch und Krustentieren zubereitet werden
açucar: Zucker
água mineral: Mineralwasser
– *com gás:* kohlensäurehaltiges Mineralwasser
– *sem gás:* Mineralwasser ohne Kohlensäure
aguardente: Branntwein
– *velha:* alter Weinbrand
alcaparras: Kapern
alho: Knoblauch
alho-francês: Porree
almoço: Mittagessen
alperces: Aprikosen
amêijoas: Miesmuscheln
amêijoas à bolhão pato: Herzmuscheln in pikanter Kräutersoße
ameixa: Pflaume
ananás: Ananas
anchovas: Anchovis
arroz: Reis
assado: Braten
atum: Thunfisch
avelãs: Haselnüsse
azeite: Olivenöl
azeitonas: Oliven
– *pretas:* schwarze Oliven
– *verdes:* grüne Oliven

B

bacalhau: Stockfisch. Das Nationalgericht, traditionelles Weihnachtsessen
bagaço: weißer Branntwein
batata: Kartoffel
– *cozida:* gekochte Kartoffel
– *frita:* Pommes frites
– *puré:* Kartoffelpüree
bebida: Getränk
beringelas: Auberginen
bife: Steak
bife de atum: Thunfischsteak in Olivenöl, mit Zwiebeln gebraten
bife à portuguesa: Eine Art Beefsteak wird mit Knoblauch, Salz, Pfeffer und Lorbeer in Öl geschmort und in eine Tonform gelegt. Schinkenspeck oder gekochter Schinken decken es zu, der Bratensaft wird mit Weißwein gelöscht und darübergegossen. Zur Krönung kommt noch ein Spiegelei obendrauf. Bratkartoffeln liegen als Kranz drumherum. Schmeckt toll!
bolo: Kuchen
– *de amendoa:* Mandelkuchen
– *de chocolate:* Schokoladenkuchen
– *de noz:* Nußkuchen

C

cabrito: Zicklein, das wie **borrego** (Lamm) als eine Art grobzerhacktes Gulasch angeboten wird
caça: Wild
cacau: Kakao
café: Kaffee
– *com leite:* Kaffee mit Milch
– *galão:* Milchkaffee
caldeirada (de peixe): Fischeintopf aus mehreren Sorten Fisch, Muscheln, Zwiebeln, in Weißwein gedünstet. Sehr gehaltvoll
caldo verde: pürierte Kartoffelsuppe mit feingeschnittenem Kohl oder anderem grünen Gemüse. Original mit zwei Scheibchen Knoblauchwurst
camarões: Krabben
canela: Zimt
canja de galinha: Hühnerbrühe mit Reis und frischer Pfefferminze, garniert mit Zitronenscheiben. Im Sommer oft kalt serviert
caracóis: Schnecken
carangejos: Taschenkrebse
carne: Fleisch
– *picada:* Hackfleisch
carneiro assado: Hammelbraten
cataplana: Das Gericht hat seinen Namen nach dem Spezialtopf, der cataplana, in dem es zubereitet

wird. Es ist ein schmackhafter, kräftig gewürzter Eintopf
cavala: Makrele
cerejas: Kirschen
cerveja: Bier
– branca: helles Bier
– preta: dunkles Bier
chá: Tee
– com leite: Tee mit Milch
champanhe: Schaumwein
chávena: Tasse
chocolate: Schokolade
chouriço: scharfgewürzte, mit Paprika und Knoblauch verarbeitete Wurst aus Schweinefleisch. Auf der Speisekarte auch als **chouriço assado**: Auf einem Ton-Tischgrill wird die Wurst über angezündetem Schnaps gegrillt. Anschließend stippt man die gehaltvolle Brennsubstanz mit Brot auf (Winteressen)
codorniz: Wachteln, entweder in Butter gebräunt und mit Thymian, Salz, Pfeffer und Lorbeer abgeschmeckt oder am Spieß gebraten
coelho: Kaninchen, das oft als **estufado** auf den Tisch kommt, d. h. in grobe Stücke zerlegt, in Wein mariniert und geschmort
cogumelos: Pilze
colher: Löffel
cominho: Kümmel
compote: Kompott
conta: Rechnung
copo: Glas
costeleta: Kotelett
couve-flor: Blumenkohl
cozido: gekocht
cravinho: Gewürznelken
croquetes: Kroketten
crustáceos: Krustentiere

D

dobrada: Pansen (Rindermagen), wird oft als Eintopf zusammen mit getrockneten weißen Bohnen serviert
doce: Marmelade

E

ementa: Speisekarte
empadas: Pasteten
enguias: Aale
escalopes: Schnitzel
espadarte: Schwertfisch, köstlich wie Lachs, **fumado** als Vorspeise geräuchert oder in Weißwein- oder Champagnersoße
espinafre: Spinat
estufado: gedünstet

F

faca: Messer
faisão: Fasan
favas: dicke Bohnen mit Speck, Zwiebeln und viel Petersilie – das Frühlingsessen in der Algarve
feigão verde: Schnittbohnen
fiambre: gekochter Schinken
fígado: Leber
figos: Feigen
filete: Filet
framboesas: Himbeeren
frango: Hähnchen
– assado: gebratenes Hähnchen
– com piri-piri: Portugiesen und Touristen lieben gleichermaßen die plattgeklopften halben Hähnchen, die in äußerst scharfer Piri-Piri-Soße mit Wein mariniert werden, bevor sie auf den großen Holzkohlengrill kommen
fumado: geräuchert

G

galinha: Huhn
gambas: Hummer-Krabben
garfo: Gabel
garrafa: Flasche
gaspacho: gutgewürzte kalte Gemüsesuppe, vorwiegend aus Tomaten, Gurken und Paprika
gelado: Eis
– de baunilha: Vanilleeis
– com chantili: mit Sahne
– com morangos: mit Erdbeeren

geleia: Gelee
groselha: Johannisbeere
guardanapo: Serviette
guisado de vaca: Rindergulasch
– de cabrito: Ziegengulasch

J

jantar: Abendessen
jarro: Krug
javali: Wildschwein

L

lagosta: Languste
langostim: kleine Langusten
laranja: Orange
lavagante: Hummer
lebre: Hase
legumes: Gemüse
leitão: Spanferkel. In seinen Bauch kommt wilder Thymian, bevor es auf den Spieß oder in den Steinbackofen geschoben wird. Leitão wird oft kalt angeboten
leite: Milch
licor: Likör
limonada: Zitronenlimonade
linguado: Seezunge
linguiça: Wurst aus Schweinefleisch, Knoblauch und Gewürzen, in Wein marinierte Zutaten
lista do vinho: Weinkarte
lombo de porco com amêijoas à alentejana: leckere, kurzgebratene Schweinefiletwürfel mit Muscheln in Weinsoße
louro: Lorbeer
lulas: Tintenfische, zubereitet mit oder ohne »Tinte«. Besonders gut in Butter gebraten

M

maçâ: Apfel
meia dose: halbe Portion
manteiga: Butter
mariscos: Krustentiere
mel: Honig
melancia: Wassermelone
melão: Honig- oder Netzmelone, die mit Portwein gefüllt oder mit Schinken auf den Tisch kommt. Als Nachtisch gefüllt mit *morangos*, Erdbeeren
mexilhões: Miesmuscheln
migas: Brotbrei. Brot wird in Fleischbrühe eingeweicht, zerstampft und mit Gewürzen, Knoblauch und Eiern abgeschmeckt
miolos: Hirn
molho à espanhola: Die Soße wird aus Tomaten, Zwiebeln, Knoblauch, Olivenöl, Salz und Pfeffer zubereitet und gern zu Miesmuscheln gereicht
mostarda: Senf

N

nata: Sahne
– batida: Schlagsahne
nós moscada: Muskatnuß

O

omelete: Omelette
ovos: Eier
– mexidos: Rühreier

P

pão: Brot
palito: Zahnstocher
pastéis: Törtchen, Pasteten
pato: Ente
peito: Brust
peixe: Fisch
peixe espada: Schwertfisch (Er kommt in Stücke zerlegt auf den Grill.)
pepinos: Gurken
pequeno almoço: Frühstück
pêra: Birne
perdiz: Rebhuhn. Steht nur im Herbst auf der Karte
perna: Keule
peru: Truthahn
pescada: gekochter, junger Schellfisch mit festem Fleisch. Dazu

Salzkartoffeln, grüne Bohnen und ein hartgekochtes Ei. Essig und Olivenöl nach Bedarf
pêssego: Pfirsich
pimenta: Pfeffer
pimento: Paprika
pimentões: Paprikaschoten
piri-piri: Cayennepfeffer
polvos: große Tintenfische. *Polvo recheado* heißen sie, wenn sie mit einer Farce aus Tomaten, Zwiebeln, Ei, Semmelbröseln und Gewürzen gefüllt sind
porco: Schwein
prato: Teller
presunto: geräucherter Schinken
pudim: Pudding
– flan: Karamelpudding

Q

queijada: Käsekuchen
queijo: Käse

R

raia: Rochen. Gekocht und mit flüssiger Butter ist er besonders köstlich. Leider nur selten auf der Speisekarte
recheado: gefüllt
rim: Niere
robalo: Seebarsch
rosbife: Roastbeef

S

sal: Salz
sala de jantar: Speisesaal
salada: Salat
salmão: Lachs
salsicha: Wurst
– frita: gebratene Wurst
santola: Seespinne (Krebsart)
recheada: genaugenommen eine Seespinne, wir würden es als Krebsart bezeichnen. Gefüllt mit Krebsfleisch, kleingehackten Eiern mit Petersilie oder frischem Koriander in Wein oder Biersoße
sapateira: Krebs
sardinha: Sardine
– grelhadas: auf dem Holzkohlengrill geröstete Sardinen, mit Meersalz bestreut zu Salat und frischem Brot
o senhor/a senhora: Kellner/in
serviço: Bedienung
sobremesa: Nachtisch
sopa: Suppe
sopa à alentejana: Knoblauchsuppe mit eingeweichtem Weißbrot und einem pochierten Ei, garniert mit frischem Koriandergrün
– de peixe: Fischsuppe
sumo de laranja: Orangensaft

T

talher: Besteck
tangerina: Mandarine
tarte: Torte
tomilho: Thymian
tosta: Toast
tripas: Kutteln
truta: Forelle

U

uvas: Weintrauben

V

vaca: Rind
– assada: Rinderbraten
– estufada: Art Gulasch
vinagre: Essig
vinho: Wein
– branco: Weißwein
– maduro: »reifer« Wein
– tinto: Rotwein
– verde: »grüner« Wein
vitela: Kalb

Hier finden Sie die in diesem Band beschriebenen Orte und Ausflugsziele. Außerdem enthält das Register wichtige Personen, Stichworte sowie alle Tips dieses Reiseführers. Wird ein Begriff mehrfach aufgeführt, verweist die **fett** gedruckte Zahl auf die Hauptnennung. Die **Buchstaben-Zahlen-Kombinationen** verweisen auf die Karten in den Umschlagklappen.

Die ganze Welt von MERIAN.

Europas großes Magazin für Reise und Kultur
112 lieferbare Titel, 14,80 DM

Der erste Reiseführer für Auto-Navigations-systeme
5 lieferbare Titel, ab 248,– DM

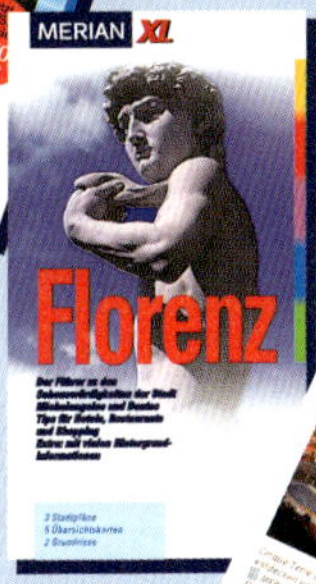

Erlebnis-Reiseführer extra-large
19 lieferbare Titel, 39,80 DM

Die neue Generation der Kulturreiseführer
…0 lieferbare Titel, 19,80 DM

Der handliche Pocket-Reiseführer
152 lieferbare Titel, 14,90 DM

MERIAN
Die Lust am Reisen.

Liebe Leserinnen und Leser,

wir freuen uns, Ihre Meinung zu diesem Reiseführer zu erfahren. Bitte schreiben Sie uns, wenn Sie Berichtigungen und Ergänzungsvorschläge haben oder wenn Ihnen etwas besonders gut gefällt:

Gräfe und Unzer Verlag, Reiseredaktion, Postfach 86 03 66, 81630 München,
Grillparzerstraße 12, 81675 München

Alle Angaben in diesem Reiseführer sind gewissenhaft geprüft. Preise, Öffnungszeiten usw. können sich aber schnell ändern. Für eventuelle Fehler übernimmt der Verlag keine Haftung.

Redaktion: Christof Klocker, Christa Botar
Kartenredaktion: Markus Röleke
Redaktion für die 2. Auflage: Bärbel Kupec

Gestaltung: Ludwig Kaiser
Umschlagfoto: Martin Thomas/ Fischer am Strand von Albufeira
Karten: Gräfe und Unzer
Produktion: Helmut Giersberg
Layout: Andrés Gomez, Jean Rabier
Druck und Bindung: Appl, Wemding
ISBN 3-7742-0495-0

Fotos: J. Jepsen 102
C. Lachenmaier 6, 18, 35, 45, 58, 59, 60, 61, 68, 71, 72, 79, 82, 83, 87, 88, 89, 97, 108
M. Thomas 2/3, 7, 9, 11, 15, 16, 19, 24, 25, 26, 29, 31, 33, 36, 38, 40/41, 43, 44, 46, 48, 49, 50, 52, 54, 56, 57, 64, 65, 74, 77, 81, 85, 98, 99, 100, 107

Dieses Buch wurde auf chlorfrei gebleichtem Papier gedruckt

2. Auflage 1999